EL PEQUEÑO LIBRO

DE LOS

CRISTALES

EL PEQUEÑO LIBRO

DE LOS

CRISTALES

UNA INTRODUCCIÓN
A LA SANACIÓN MEDIANTE CRISTALES

CASSANDRA EASON

edaf

MADRID · MÉXICO · BUENOS AIRES · SANTIAGO
2023

Título original: *A Little bit of Crystals: An Introduction to Crystal Healing*, por Cassandra Esason
© 2015. Del texto, Cassandra Esason
© 2023. De la traducción, José Antonio Álvaro Garrido
© 2023. De esta edición, Editorial Edaf, S.L.U., Jorge Juan, 68 — 28009 Madrid, por acuerdo con
    Sterling Publishing Co., Inc., publicado por primera vez por Sterling Ethos, en una división de
    Sterling Publishing Co., Inc., 33 East 17th Street, New York, NY, USA, 10003, representados
    por UTE Körner Literary Agent, S.L.U., c/ Arago 224, pral 2.ª, 08011 Barcelona

Diseño de cubierta: © Sterling Publishing Co., Inc., adaptada por Diseño y Control Gráfico
Maquetación y diseño de interior: Adaptada del original por Diseño y Control Gráfico, S.L.

© Todos los derechos reservados.

Editorial Edaf, S.L.U.
Jorge Juan, 68
28009 Madrid, España
Telf.: (34) 91 435 82 60
www.edaf.net
edaf@edaf.net

Ediciones Algaba, S.A. de C.V.
Calle 21, Poniente 3323 - Entre la 33 sur y la 35 sur
Colonia Belisario Domínguez
Puebla 72180, México
Telf.: 52 22 22 11 13 87
jaime.breton@edaf.com.mx

Edaf del Plata, S.A.
Chile, 2222
1227 Buenos Aires (Argentina)
edafadmi@gmail.com

Edaf Chile, S.A.
Huérfanos 1178 - Oficina 501
Santiago - Chile
Telf: +56 9 4468 05 39/+56 9 4468 0597
comercialedafchile@edafchile.cl

Queda prohibida, salvo excepción prevista en la ley, cualquier forma de reproducción,
distribución, comunicación pública y transformación de esta obra sin contar con la
autorización de los titulares de la propiedad intelectual. La infracción de los derechos
mencionados puede ser constitutiva de delito contra la propiedad intelectual (art. 270 y siguientes
del Código Penal). El Centro Español de Derechos Reprográficos (CEDRO) vela por el respeto
de los citados derechos.

Julio de 2023

ISBN: 978-84-414-4246-0

Depósito legal: M-16280-2023

CONTENIDO

INTRODUCCIÓN

Los cristales son las más emocionantes y poderosas de todas las herramientas psíquicas, ya que actúan como transmisores y amplificadores de la salud, la felicidad, el amor, el éxito y la prosperidad, y también son beneficiosos para el hogar y el lugar de trabajo aportando a los mismos energía y protección.

Si te preguntas por qué los cristales contienen tanto poder, debes saber que el objeto más antiguo encontrado en la Tierra es un diminuto fragmento de circón, descubierto en Australia occidental y que data de hace 4.404 millones de años.

La gran antigüedad de cada cristal, así como el proceso por el que se formaron, gracias a la acción de las corrientes de agua, el fuego volcánico, la tierra y los vientos, confieren a los cristales un calado que conecta con nuestra naturaleza espiritual innata.

Los cristales liberan este poder de forma natural cuando los llevamos, los exhibimos o los portamos como joyas, y transforman, de un modo que apenas comprendemos, la negatividad que llega a nuestras vidas, procedente desde cualquier fuente, en energías positivas. Irradian alegría y curación cuando captan la luz. Los cristales también nos conectan con nuestros ángeles y guías sabios, lo que es un tema que exploraremos en los capítulos 1 y 8.

Mucha gente ha intentado explicar las maravillosas propiedades de los cristales. Los antiguos griegos creían que todos los cristales de cuarzo que se encontraban en la Tierra eran trozos del Cristal de la Verdad, arrojado por Hércules desde el monte Olimpo, hogar de los dioses. El filósofo griego Platón (427-347 a. C.) afirmaba que las estrellas y los planetas convertían el material descompuesto y en descomposición en las piedras preciosas que regía su estrella o planeta madre. En el capítulo 8 aprenderás más sobre los cristales zodiacales y planetarios. Para los pueblos indígenas de todo el mundo, incluidos los aborígenes australianos y los nativos americanos, las piedras y los cristales son entidades vivas, manifestaciones del Gran Espíritu Creativo, lo que confiere a los cristales el poder de curar plantas, animales y personas.

SANACIÓN CON CRISTALES

Los cristales son herramientas de sanación eficaz, no como alternativa a la medicina convencional, sino porque, a través de mecanismos que no podemos explicar del todo, ponen en marcha nuestro propio sistema inmunológico y generan nuestros poderes innatos de autocuración. Pueden acelerar los efectos positivos que se esperan de la medicina farmacéutica, aliviar los efectos secundarios de un tratamiento necesario pero debilitante e, incluso, cuando un paciente no responde a la acción médica convencional en el caso de una enfermedad crónica, a menudo alivian el dolor y la ansiedad.

Los niños tienen el don de curar con cristales. Por ejemplo, de una colección de cristales diferentes, hasta el niño más pequeño elegirá instintivamente el cuarzo rosa o la amatista morada para aliviar un dolor de cabeza, o el cuarzo citrino amarillo para el dolor de estómago. Este conocimiento instintivo de los cristales está dentro de todos nosotros, incluso es posible que lo llevemos en los genes, pero la lógica y el mundo que nos rodea nos hacen desconfiar de esta sabiduría innata. Sin embargo, a las pocas semanas de utilizar cristales en tu vida cotidiana, la sabiduría de los cristales vuelve a serte accesible de forma espontánea.

A menudo, descubriremos que un cristal que elegimos al tacto, incluso con los ojos cerrados, de entre una colección de muchos tipos diferentes, aliviará un problema físico o emocional concreto y es el que se ha recomendado durante cientos de años para esa dolencia concreta.

El capítulo 7 trata sobre la sanación con cristales, y la curación es un tema que se repite, por supuesto, en la mayoría de los capítulos.

TRABAJANDO CON CRISTALES

Los cristales pueden clasificarse de tres maneras: por la forma, el tipo y el color. Si no estás seguro de qué tipo es un cristal nuevo, su color y tamaño te servirán de guía fiable para conocer sus propiedades.

Con el paso de los años, puedes ir coleccionando diferentes formas, tipos y colores de cristales para tener una colección completa para cada propósito.

Si tienes dudas sobre el significado de un cristal, sujétalo entre las manos ahuecadas y deja que te vengan a la mente imágenes, palabras e impresiones.

Estas sensaciones te guiarán hacia el mejor uso de cada cristal. Si no estás seguro, pregúntate: «¿Qué me hace sentir este cristal?». Y entonces entrará en acción el instinto.

FORMAS

REDONDEADOS. Los cristales generan energías que fluyen de manera continua y son ideales para cualquier propósito.

PUNTIAGUDOS. Los cristales *puntiagudos* generan energías dirigidas más potentes. Apunta el cristal hacia tu interior para atraer energía, curación o protección para tu beneficio, y hacia el exterior para expulsar el dolor y la negatividad.

CUADRADOS. Los cristales *cuadrados* o *rectangulares* aportan estabilidad y equilibran un hogar o lugar de trabajo hiperactivo, y absorben también los perjuicios. (Lávalos regularmente con agua corriente si los utilizas para una labor protectora.)

OVALES. Estos cristales atraen el amor y la fertilidad, y aportan abundancia y felicidad a las familias, los niños y los animales, liberando suaves poderes curativos donde y como sea necesario.

ALARGADOS. Cristales ALARGADOS, EN BARRA o CON FORMA DE VARA ofrecen prosperidad a largo plazo, y también crecimiento lento, éxito profesional, seguridad en los viajes y protección contra los malos deseos. Los que tienen formas de varita se pueden utilizar para enviar un deseo al cosmos, tanto para uno mismo como para los demás (los cristales puntiagudos fueron probablemente las varitas mágicas originales).

LAS ESFERAS, en particular el cuarzo transparente, energizan y purifican cualquier habitación o espacio de trabajo, atrayendo prosperidad, salud y alegría y transformando la inercia, la enfermedad, la mala suerte o la negatividad en luz y buena suerte.

LOS CRISTALES PIRAMIDALES, especialmente los de base cuadrada, son transmisores naturales de curación y poderes psíquicos mejorados, y contribuirán a un sueño tranquilo en un dormitorio, y aportarán calma, unidad y armonía al hogar o el lugar de trabajo.

EL TIPO

EL CUARZO, que es el mineral más común que se encuentra en la Tierra, trae cambios y energiza a cualquier persona, lugar o situación, la intensidad depende de si es un cristal suave o brillante.

EL JASPE aporta poder y crecimiento.

LAS ÁGATAS ofrecen equilibrio, protección y estabilidad.

LOS FÓSILES ralentizan las energías, pero aportan sabiduría y compasión.

LAS PIEDRAS VOLCÁNICAS, tales como la obsidiana, acaban con la inercia y son ferozmente defensivas.

LAS GEODAS, que son diminutos cristales incrustados en la roca (una matriz) o que, al partirse, revelan dos mitades de cristales iguales, curan cualquier energía negativa de la propia tierra o que esté contenida en ella, alejan a los espíritus y fomentan el desarrollo de talentos ocultos.

COLOR

Ten en cuenta tanto el color real como la tonalidad, ya sea clara y brillante, o de un tono más apagado y turbio. Algunos colores como el rojo, el naranja y el amarillo son de por sí cálidos y dinámicos, mientras que los verdes, azules y morados son más suaves y tranquilos. Para comprobarlo, sostén una piedra roja en una mano y una piedra verde pálido en la otra. Casi de inmediato sentirás las energías dinámicas y rápidas de la roja, así como el poder lento y más suave de la verde. Tengo un cliente ciego que identifica las energías de un cristal a través simplemente del tacto; a medida que desarrolles este don con el tiempo, utilizando los centros sensibles de energía de tus manos mediante un poder llamado psicometría o tacto psíquico, eso te permitirá sentir de manera instintiva los mensajes contenidos en los diferentes cristales. Los siguientes listados de colores te ofrecen las cualidades notables de los diferentes colores de cristales.

Blanco, brillante o centelleante

Innovación e inventiva, nuevos comienzos, claridad, inspiración, desarrollo de talentos, ambición, romper una racha de mala suerte, buena salud, vitalidad, atraer o restaurar la prosperidad cuando la fortuna está en horas bajas, así como contacto con ángeles y guías espirituales. Puedes sustituirlo por cualquier otro cristal de color para la curación.

GEMAS Y CRISTALES: aragonito, cuarzo cristalino claro, fluorita clara, diamante, diamante Herkimer, ópalo aura, cuarzo arcoíris, zafiro blanco, topacio blanco y circón.

Blanco, suave o turbio

Implica un despliegue más lento del potencial, protección contra la negatividad, fertilidad, embarazo, las madres, los bebés y los niños pequeños, el restablecimiento de la esperanza, éxito en la escritura y la poesía, los nuevos comienzos graduales tras una pérdida, la conciencia intuitiva, la concesión de deseos y el cumplimiento de los sueños, y también convocar a alguien que está lejos.

GEMAS Y CRISTALES: calcita, howlita, ópalo lechoso, cuarzo lechoso, piedra luna, perla, selenita y cuarzo nieve.

Rojo

Acción, valor, cambio, fuerza, determinación, poder, resistencia, pasión por cualquier aspecto de la vida, potencia, victoria, consumación del amor, éxito en las competiciones, oponerse a la injusticia, supervivencia y superación de obstáculos aparentemente imposibles.

GEMAS Y CRISTALES: ágata roja, sangrita/heliotropo, ópalo de fuego, granate, jaspe, ojo de tigre rojo y rubí.

Naranja

Confianza, alegría, creatividad, fertilidad, abundancia, inventiva, independencia, autoestima, fortalecimiento de la identidad, felicidad y todo lo que supone actividad y energía así como iniciativas creativas y artísticas.

GEMAS Y CRISTALES: ámbar, aragonito, berilo, calcita, cornalina, piedra celestina, jaspe, mokaita y piedra del sol.

Amarillo

Lógica; concentración; perspicacia financiera, especialmente en cuestiones de especulación y pericia con las tecnologías e innovaciones; comunicación;

concentración; aprendizaje de materias nuevas; exámenes y pruebas, empresas para ganar dinero; adaptabilidad y versatilidad; mudanzas en radios de corta distancia o descansos de breve duración; recuperación de enfermedades o infecciones, gracias a la medicina convencional, en especial la cirugía; intentar acabar o repeler la envidia, la malicia y el rencor; y protección contra los que nos quieren engañar.

GEMAS Y CRISTALES: calcita (calcita amarilla y miel), crisoberilo, citrino, jaspe, crisoprasa limón, cuarzo rutilado y topacio.

Verde

El amor en todos los sentidos y a todos los niveles, la fidelidad y el compromiso, el crecimiento y el aumento en cualquier aspecto de la vida, la adquisición de hermosas posesiones, el medio ambiente, el cultivo de plantas y jardines sanos, y la buena suerte.

GEMAS Y CRISTALES: amazonita, aventurina, crisoprasa, esmeralda, fluorita, jade, malaquita, ágata musgosa y turmalina.

Azul

Idealismo, conocimientos tradicionales, justicia, asuntos profesionales y laborales, sobre todo en lo referido a conseguir un nuevo trabajo o un ascenso, oportunidades de liderazgo, autoridad, viajes de larga distancia o de larga duración y mudanzas, matrimonio y asociaciones de todo tipo, expansión de los negocios y mejora financiera basada en esfuerzos anteriores, y también poderes curativos.

GEMAS Y CRISTALES: angelita, piedra *aura aqua*, calcedonia azul, ágata blue lace, cuarzo azul, celestita/celestina, aura cobalto, iolita, cianita, lapislázuli, zafiro, topacio y turquesa.

Púrpura

Conciencia y crecimiento espirituales, imaginación y creatividad, sueños significativos, trabajo de enseñanza o asesoramiento, desterrar lo que se encuentra que pertenece al pasado o hace referencia a él, pero sigue resultándonos problemático, contactar con amigos y familiares con los que se ha perdido el contacto o que viven lejos, y protección (física, mental, emocional y psíquica).

GEMAS Y CRISTALES: amatista, ametrina, charoita, fluorita, lepidolita, sodalita, sugilita, piedra *super seven* y cuarzo de aura de titanio

Rosa

El apaciguamiento, la reparación de los corazones rotos, la reconciliación y la eliminación de la frialdad o las penas en lo que respecta a la familia o en el amor, las relaciones familiares felices, la amistad, la dulzura y la bondad, todos los asuntos relacionados con los animales pequeños o jóvenes, los niños y los adolescentes, especialmente las niñas que entran en la pubertad, las mujeres que llegan a la menopausia, el amor joven o nuevo, el crecimiento y el rebrotar del amor y la confianza, y el sueño tranquilo.

GEMAS Y CRISTALES: coral, kunzita, calcita, manganeso o rosa, morganita, calcedonia rosa, cuarzo rosa y turmalina.

Marrón

Estabilidad, seguridad, confianza, asuntos prácticos, acumulación gradual y conservación del dinero, trabajo por cuenta propia, aprendizaje de nuevas habilidades, especialmente en etapas determinadas como la vejez, hogar, propiedades, instituciones como la banca, personas mayores, animales y conservación de antiguos lugares y tradiciones, y encontrar lo perdido o robado.

GEMAS Y CRISTALES: ágata listada, rosa del desierto, madera fosilizada o petrificada, fósiles, jaspe piel de leopardo, cuarzo rutilado, todos los jaspes moteados de color arena y marrón, cuarzo ahumado, ojo de tigre y circón.

Gris

Compromiso, adaptabilidad, mantenimiento de un perfil bajo en momentos de peligro o de confrontación inoportuna, neutralización de energías hostiles, conservación de secretos y protección contra ataques psíquicos.

GEMAS Y CRISTALES: Lágrima apache (obsidiana transparente), ágata en bandas, labradorita, piedra imán, meteorito, hematita plateada y cuarzo ahumado.

Negro

Hacer más fáciles y llevaderos los finales necesarios, que conducirán a nuevos comienzos o puntos de partida, desterrar el dolor, la culpa, las influencias destructivas, la aceptación de lo que no se puede cambiar, trabajar dentro de las limitaciones y restricciones, bloquear una fuerza negativa o dañina, y toda la protección psíquica.

GEMAS Y CRISTALES: coral negro, ópalo negro, perla negra, azabache, obsidiana, ónice, obsidiana copo de nieve, tectita y turmalina (schorl).

CRISTALES NATURALES

De manera tradicional, nuestros antepasados encontraban cristales en las riberas de los ríos, en las orillas del mar y en las laderas de las colinas. No estaban tallados ni pulidos, sino que brillaban en el interior de las rocas o debían abrir estas para revelar sus núcleos brillantes. Si mantienes los ojos bien abiertos, sobre todo cerca del agua o allí donde las rocas se hayan erosionado, es posible que encuentres tus propios tesoros —sobre todo jaspe, cuarzo y ágata—, que, en muchos aspectos, son incluso más potentes que sus hermanas pulidas.

Cada región y país cuenta con sus propias piedras locales, y estas son muy potentes, ya que son portadoras de las energías de la tierra propias de una zona y aumentan así las propiedades normales del tipo concreto de cristal. En los mercados suele haber un puesto de cristales locales, y se pueden comprar versiones no preciosas de esmeraldas, ópalos, rubíes o granates que no son tan brillantes como las otras, pero que contienen las mismas energías que las formas gemas más caras.

Allá donde vayas, en tu país o en el resto del mundo, compra muestras de cristales y rocas autóctonas, ya que no solo contendrán los poderes de la tierra, sino que también conservarán los recuerdos felices de tus vacaciones. Al sostenerlos o llevarlos puestos, te ofrecerán una fuente instantánea de alegría, arraigada en la ocasión en que los compraste en el curso de un viaje especial. Los cristales absorben y reflejan nuestras energías, así como las de su lugar de origen.

CREAR UN REPOSITORIO DE CRISTAL DE PODER Y CURACIÓN

Adquiere cualquier cristal redondo y brillante, como por ejemplo cuarzo transparente, citrino amarillo, una amatista morada suave o cuarzo rosa, o utiliza un colgante de cristal favorito. Si no puedes conseguir con facilidad un cristal, busca una piedra redonda blanca y pura en las cercanías de tu casa.

Dirige tu cristal, con las manos abiertas en forma de copa, hacia la luz natural al aire libre, preferiblemente cuando brille el sol o mirando hacia la parte más clara del cielo. Tal acto llenará la piedra de optimismo, energía y poder, para atraer cosas buenas a tu vida. Mientras lo haces, piensa en una época de tu vida en la que eras libre, feliz, confiado y poderoso.

Deja tu cristal a la luz natural, ya sea en el interior o en el exterior, hasta que oscurezca. Entonces, levántalo hacia la luna o a la luz de las estrellas en el exterior. Si es una noche oscura y sin luna, enciende una vela plateada o blanca en el interior de tu casa y levanta el cristal para que la luz de la vela se refleje en el mismo. Mientras haces tal cosa, imagina un momento de tu vida en el que te sentiste seguro y protegido, y eso infundirá a tu cristal el poder de salvaguardarte siempre que necesites protección. Si utilizas una vela, deja que se consuma, o deja el cristal a la luz de la luna o de las estrellas, hasta que te vayas a la cama.

A la mañana siguiente, preferiblemente cerca del amanecer o cuando te despiertes, rodea el cristal de flores blancas, dentro o fuera de casa. Recuerda un momento en el que te sentiste fuerte, sano y en forma, y eso colmará el cristal de poderes curativos. No muevas el cristal hasta la puesta de sol, para que así absorba las energías del mediodía y el crepúsculo.

Lleva encima tu cristal con regularidad o mantenlo cerca del centro de tu casa, donde circulan el aire y la luz natural. Cuando necesites uno de los poderes que has depositado en tu cristal, sujeta la piedra entre las manos abiertas y pide lo que necesites. Coloca las manos de forma que engloben el cristal y siente cómo las energías entran en ti. Después, colócalo cerca de una zona verde para recargarlo con las energías de la Madre Tierra. Puedes volver a dar poder a tu cristal siempre que sientas que sus poderes se debilitan poniéndolo delante de una vela blanca y dejando que la vela luzca a través del mismo.

❖ 1 ❖

COMENZAR LA EXPLORACIÓN DE LOS CRISTALES

PARA TRABAJAR CON CRISTALES, YA SEA CON LA INTEN-
ción de sanar o para atraer la buena fortuna, el amor o la prosperidad,
o bien para estar protegido y obtener respuestas a las cuestiones que
te planteen los ángeles o tu propia intuición, necesitarás un conjunto de doce
cristales redondos de tamaño similar, redondeados (pulidos lisos) y de diferentes colores (consulta a partir de la página 22). Cada uno debe tener el
tamaño de una moneda mediana. A lo largo del libro se describirán los múltiples usos de los doce cristales clave y se enumerarán otros cristales útiles, de
modo que te convertirás con rapidez en un experto en cristales.

Guarda estos doce cristales básicos en un cuenco, cerca del centro de tu
casa y elige uno cualquier mañana que desees, sin mirar, solo mediante el tacto.
Pide en voz alta o mentalmente que te guíen hacia un cristal para un propósito
concreto; por ejemplo, la confianza necesaria para hablar con claridad y autoridad en una reunión crucial en el trabajo. De manera alternativa, deja que sea
tu mano la que seleccione el mejor cristal para darte las energías específicas que

necesitas para el día siguiente. El cristal lo predice y, una vez más, descubrirás que refleja los acontecimientos del día. Lleva contigo el cristal elegido durante todo el día, en una pequeña bolsa con cordón o en un bolso.

CÓMO ELEGIR LOS CRISTALES

Si no puedes conseguir los doce cristales que se enumeran a partir de la página 23, sustitúyelos por uno de los otros cristales que aparecen en la Introducción, en la sección dedicada a los distintos colores. Te recomiendo visitar una tienda de cristales y pasar la mano sobre una bandeja de cristales de colores y tipos similares para sentir intuitivamente los más adecuados para ti en concreto. Sin embargo, puedes comprar cristales por correo o por Internet, ya que, más adelante, describiré cómo puedes limpiar y potenciar los cristales para se conviertan en algo verdaderamente tuyos. Los museos que cuentan con una sección de geología suelen vender cristales tallados, así como gemas sin pulir, aún incrustadas en la roca, para exponerlos en casa o tenerlos en el lugar de trabajo.

TUS DOCE CRISTALES CLAVE

Los cristales son opacos, transparentes o translúcidos según la densidad del color. Los cristales opacos (por ejemplo, el jaspe rojo) son de un color intenso y no se puede ver a través de ellos. Absorben y transmiten de manera muy poderosa las energías. Los tonos más livianos son más suaves y de acción más lenta. Las piedras brillantes y transparentes, como el cuarzo cristalino, a través de las cuales se puede ver la luz, son más ligeras y vivas. Algunas contienen líneas o grietas en su interior; todas las piedras transparentes son transformadoras de energía, aunque los tonos pastel más difusos actúan de forma más gradual. Las piedras translúcidas reflejan la luz brillante de la superficie, como ocurre con el marrón resplandeciente del ojo de tigre. Los cristales translúcidos amplifican y reflejan las energías según su intensidad.

1. Cristal de cuarzo transparente, la piedra de la fuerza vital

Es la piedra del Sol, la salud, la riqueza, el éxito y la felicidad. Este cristal translúcido y brillante, que sirve para todo uso, aporta energía, buena fortuna, prosperidad, alegría, iniciativa y nuevos comienzos. Sujeta tu cuarzo diáfano con la mano con la que escribes, desea lo que más quieres en este mundo, y luego sal y haz tu deseo realidad.

Cuando el cristal de cuarzo aparece como tu cristal del día, sé optimista sobre el día que tienes por delante y aprovecha al máximo las oportunidades que casi con toda seguridad se te presentarán.

2. Piedra lunar, el cristal de la intuición

De color blanco translúcido o crema, la piedra lunar es la piedra de la Luna en todas sus fases. La piedra lunar hará que aparezcan en tu vida ventajas inesperadas, como por ejemplo un cristal de almas gemelas para conocer o desarrollar el amor con un alma gemela. Esta piedra ayuda a concebir a quienes están ansiosos de hacerlo o experimentan dificultades para ello; los niños pueden utilizarla para evitar pesadillas, y ayuda tanto a hombres como a mujeres a entrar en armonía con sus ritmos y sentimientos naturales. Las piedras lunares protegen a los viajeros y consiguen la realización de sueños largamente acariciados.

Como cristal del día, la piedra lunar te dice que confíes en tu intuición. Cuídate de tener una perspectiva estrecha con respecto a los demás y de seguir el camino de menor resistencia.

3. Jaspe rojo, la piedra del valor y el cambio

Siendo la piedra de Marte, el jaspe rojo ofrece fuerza y resistencia para los momentos de mucho trabajo en los que no puedes descansar. Si algo se estanca o retrocede, el jaspe rojo desbloquea la obstrucción y te devuelve al camino de la consecución. Utilízalo para ocupar el centro de la situación, superar a los que te acosan, hacer frente a los prejuicios o la hostilidad, y protegerte contra los ataques físicos y emocionales.

Si el jaspe rojo es tu cristal del día, ve directamente a por lo que quieres y no aceptes un no por respuesta.

4. Cornalina naranja, el cristal de la creatividad y la independencia

Es un cristal de Urano, y la brillante cornalina naranja te llenará de confianza en ti mismo, y de fertilidad en la forma que más lo necesites, ya sea para concebir un hijo, lanzar una aventura artística o literaria, o expresarse creativamente de alguna otra forma. La cornalina naranja es excelente para trabajar por cuenta propia, así como para descubrir nuevos intereses y amigos.

Como cristal del día, la cornalina indica que este es un buen momento para la acción independiente, ya sea emocional o laboralmente. No te infravalores ni aceptes nada secundario.

5. Citrino amarillo, la piedra del aprendizaje y la especulación

El brillante citrino amarillo es el cristal del veloz Mercurio y te hará sonreír. El citrino te aporta el éxito en el aprendizaje de cosas nuevas y le llaman «el cristal del comerciante», prometiendo que la especulación comercial y las transacciones comerciales, especialmente las relacionadas con la compra y venta y el estudio de cualquier tipo, tendrán éxito, al igual que los asuntos relacionados con la comunicación y las ideas para hacer dinero.

Como cristal del día, el citrino te indica que debes comunicar tus ideas y necesidades con claridad, especialmente en el trabajo. Prueba a realizar nuevas actividades, visitar nuevos lugares y arriésgate en lugar de contenerte.

6. Aventurina verde, la piedra de la buena suerte

En su calidad de cristal de Venus, la aventurina verde es un amuleto de la buena suerte y por tal motivo se la conoce como el cristal del jugador. Protectora contra accidentes de todo tipo, la aventurina es excelente si uno va siempre de un lado para otro con prisas o tiene hijos propensos a sufrir accidentes. Si se la tiene al lado, en el trabajo, la aventurina ayudará a tener buenas ideas y soluciones positivas para los problemas cotidianos. También es el cristal del amor y la fidelidad, así como del crecimiento sin sobresaltos, en todos los aspectos de la vida.

Como cristal del día, la aventurina te asegurará que todo lo que toques funcionará bien y que la gente se mostrará especialmente cooperativa; así que participa en un concurso o compra un décimo de lotería.

7. Sodalita azul, la piedra de la sabiduría

La sodalita es la piedra del planeta Júpiter, y te ayuda a hablar con sabiduría, además de sopesar con cuidado tus palabras, en lugar de precipitarte en las decisiones o reaccionar de manera impulsiva ante situaciones o personas. Tu sodalita te ayudará a encontrar y seguir el camino en la vida que sea el más adecuado para ti. Te convertirá en un sabio amigo y consejero para tu familia y colegas, y te garantizará la oportunidad de tomar la iniciativa en un asunto o proyecto que es una de tus ilusiones. La sodalita promete que darás pasos lentos pero seguros en la carrera profesional, así como felicidad en la pareja o en asuntos matrimoniales.

Como cristal del día, la sodalita aconseja cotejar todos los datos y cifras, si los asuntos parecen ser inciertos. Busca ventajas a largo plazo más que resultados inmediatos.

8. Amatista morada, la piedra del equilibrio

La amatista, que es la piedra de Neptuno, de color púrpura suave, es la piedra antiestrés y se la conoce como «la que todo lo cura». La amatista calma a las personas, los animales y las plantas, y restaura las energías de otros cristales sobrecargados (ver página 29). También es maravillosa a la hora de deshacerse de los antojos, los miedos, el pánico y la ira en casa o en el puesto de trabajo. La amatista protege sin estridencias contra la contaminación acústica de todo tipo, incluida la tecnología y los fantasmas poco amistosos, así como contra las energías negativas de la tierra que puedan correr por debajo de la casa o el lugar de trabajo. Aporta equilibrio y sensatez a cualquier situación, así como un sueño tranquilo y calma.

La amatista, como tu cristal del día, indica que necesitas alejarte de los conflictos; escucha a todas las partes en una discusión, pero no te dejes presionar o estar obligado a actuar por las exigencias o plazos irrazonables que traten de imponerte los demás.

9. Ojo de tigre marrón, la piedra de la ventaja

El brillante ojo de tigre marrón dorado es otro cristal del Sol y es una piedra de beneficios financieros y personales que llegan a tu vida y aumentan; es otro amuleto de la buena suerte. El ojo de tigre marrón es un cristal excelente para emprendedores y personas que inician un negocio por primera vez, así como para construir una base de habilidades y conocimientos, con vistas a un futuro cambio profesional importante o para trabajar por cuenta propia. También potencia las artes artísticas, escénicas y creativas, especialmente si se aspira a la fama y la fortuna. En el ojo de tigre rebotan todos los malos deseos y envidias.

Como cristal del día, el ojo de tigre marrón indica que debes estar atento a cualquier oportunidad de lucirte, asegurarte de reclamar el crédito por lo que haces y no escuchar a los propagadores de rumores ni a quienes intentan involucrarte en sus peleas partidistas.

10. Cuarzo rosa, la piedra de la bondad y el cariño

El cuarzo rosa es el cristal del *hada buena*, otra piedra de Venus. Atraerá la paz al trabajo y al hogar y aportará a tu vida un amor amable y digno de confianza, tanto si estás construyendo una nueva amistad o relación como si estás incrementando el amor con el que cuentas dentro de tu familia o con alguien especial. El cuarzo rosa es bueno para reparar rencillas o frialdad, y alivia las heridas causadas por la falta de amabilidad o la traición del pasado. Al igual que la amatista, aporta sueños tranquilos y hermosos; y como la cornalina, es otro cristal de la fertilidad.

Como cristal del día, el cuarzo rosa indica que puede que necesites mantener la paz, ya sea en tu familia o en el trabajo, pero asegúrate de que no te culpen ambas partes; indica también que las buenas acciones se verán recompensadas en el futuro.

11. Hematites, la piedra del fuego oculto y la justicia

Esta piedra gris metálica brillante, que es un cristal de Mercurio y Marte, te protege contra todo daño y contra los que en casa o en el trabajo te agotan emocionalmente. Llamada «la piedra del abogado», la hematites nos brinda justicia en asuntos legales, oficiales y personales, así como éxito en lo que te apasione. Como cristal del fuego interior, la hematites hace aflorar tus talentos en cualquier etapa de la vida. Como piedra magnética, la hematites atraerá el éxito en tu beneficio.

Como cristal del día, la hematites aconseja concluir asuntos pendientes; evita dejarte arrastrar por la mezquindad o el chantaje emocional.

12. Ónice negro, la piedra de la protección

El brillante ónice negro, la piedra del planeta Saturno, es el cristal antipánico por excelencia; el que sosiega las crisis en casa o en el trabajo. El ónice negro es bueno para despejar la mente si tienes que tomar una decisión y hay muchas opiniones encontradas o sufres presiones; reduce la dependencia excesiva de ti o por tu parte, pone orden en el caos y calma la hiperactividad, el perfeccionismo y la presión que sufrimos para hacer diez cosas a la vez. También reduce los efectos de las malas influencias y los juegos mentales sobre ti o tus seres queridos.

Si este es tu cristal del día, te ayuda a resistir a cualquiera que te presione para que cambies de opinión o hagas concesiones; el día será uno en el que prevalecerán la verdad y la justicia, y se revelarán secretos.

LIMPIA Y POTENCIA TUS CRISTALES

Con los cristales, independientemente de cómo los hayamos obtenido, es importante hacerlos nuestros, propios, eliminando las impresiones de otras personas que los hayan manipulado, potenciándolos con tus energías y programándolos para nuestros fines particulares. Limpia todo el conjunto de cristales semanalmente y también después de un uso intensivo, y limpia durante la noche, tras usarlo, el cristal en concreto que haya sido tu cristal del día. En las páginas siguientes describiré una serie de métodos para limpiar los cristales. El método que utilices dependerá de lo que te parezca adecuado para cada cristal en un momento determinado.

Limpiar un cristal cuando se obtiene por primera vez o después de usarlo

El citrino, la apofilita y la cianita son los únicos cristales que nunca necesitan limpieza.

AGUA

Lava los cristales bajo el grifo. Esto sirve para la mayoría de las piedras pulidas, excepto las que son frágiles, como la selenita, o los metálicos, como la hematites. Deja que los cristales lavados se sequen de forma natural.

AMATISTA

Haz un círculo de cristales alrededor de un gran trozo de amatista sin pulir durante veinticuatro horas, ya que la amatista los limpiará y potenciará.

MADRE TIERRA

Deja reposar tus cristales en un plato pequeño sobre la tierra o en una maceta grande durante veinticuatro horas.

FRAGRANCIA

Haz girar una varilla de incienso de artemisa o cedro o una de hierba limón, pino, enebro, incienso de olíbano, lavanda o rosa en espiral en el sentido contrario a las agujas del reloj, sobre los cristales que quieras limpiar, durante tres o cuatro minutos. Deja que el incienso arda cerca de los cristales.

SONIDO

Haz resonar una campana de mano o campanas tibetanas hasta nueve veces, o golpea un pequeño cuenco tibetano sobre los cristales durante aproximadamente un minuto. Repítelo dos veces más, hasta que el sonido desaparezca.

LUZ

Deja los cristales vibrantes, de colores intensos o brillantes a la luz del sol desde el amanecer (o cuando te despiertes) hasta el mediodía. Si el día es oscuro, enciende una vela blanca o dorada ahí donde la luz incida sobre la vela, y deja que se consuma.

Coloca cristales translúcidos, de tonos suaves o nebulosos a la luz de la luna llena o brillante durante la noche, o quema una vela plateada para que brille sobre ellos.

SAL

Deja los cristales dentro de un círculo de sal o en un plato sobre un cuenco de sal durante veinticuatro horas.

PÉNDULO DE CRISTAL

Pasa un péndulo de cuarzo transparente o amatista sobre un círculo de cristales en círculos lentos en el sentido contrario a las agujas del reloj nueve veces.

RESPIRA

Sopla tres veces, con suma suavidad, sobre un cristal en concreto, mientras lo sostienes con las manos abiertas, en forma de copa.

POTENCIACIÓN Y PROGRAMACIÓN DE CRISTALES

Puedes potenciar los cristales después de limpiarlos. Sostén un cristal determinado en la mano con la que no escribes y, con el índice de la otra mano, presiona suavemente sobre el cristal hasta que sientas una suave palpitación o calor en el dedo. Pide en voz alta o mentalmente que el cristal elegido se utilice para el mayor bien y el propósito más elevado. Si se va a utilizar para un propósito concreto, pide a tus ángeles de la guarda o a Exael, Omael y Othias, los ángeles de los cristales y las gemas, que bendigan el cristal y así como el propósito para el que se usa. Para dar poder a tu conjunto de doce cristales, colócalos sobre una mesa formando un círculo y mueve las palmas de las manos unos dos centímetros por encima del círculo, la mano derecha haciendo círculos en el sentido de las agujas del reloj y la mano izquierda en sentido contrario a las agujas del reloj, al mismo tiempo, durante uno o dos minutos, pidiendo de nuevo las bendiciones de los citados ángeles.

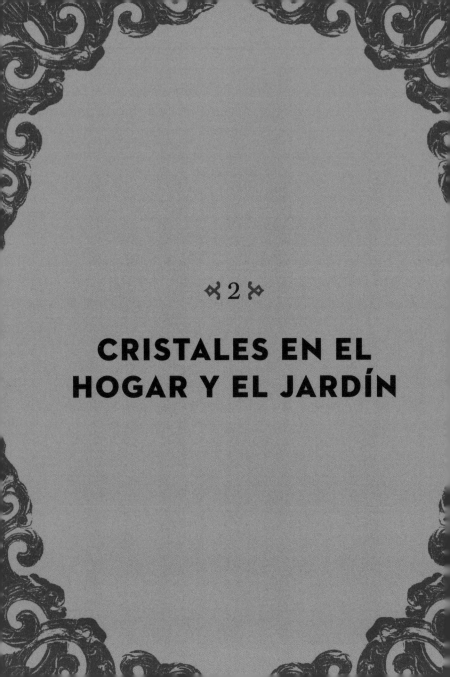

2

CRISTALES EN EL HOGAR Y EL JARDÍN

LOS CRISTALES POTENCIAN TODOS LOS DÍAS NUESTRA vida, atrayendo abundancia, felicidad y armonía a nuestro hogar, y protegiendo tanto a niños como a mascotas.

Ya conoces doce cristales que puedes utilizar para muchos fines, pero, al final de este capítulo, te presentaré cinco cristales adicionales que puedes comprar por poco dinero y con facilidad, y que están especialmente relacionados con el hogar y el jardín. Puedes añadirlos a tu juego de doce como cristales del día.

Coloca los cristales que te gusten, ya sean piedras talladas o las que están sin pulir o todavía incrustadas en una matriz de roca, alrededor de tu casa y en el exterior o en macetas en un apartamento para proteger tus límites, familia y posesiones de todo daño, amenaza e interferencia.

INFUNDIR COLOR CRISTALINO EN TU FAMILIA Y EN TU HOGAR, ASÍ COMO EN TI MISMO

Hay momentos en los que las energías de tu hogar se encuentran desincronizadas y todo el mundo está aletargado o irritable e inquieto. Esto se debe a que el aura o campo de energía invisible que rodea la casa recibe impresiones de las personas que viven en ella y eso puede traer estrés a la misma, desde el trabajo o la escuela, o procedente de los campos de energía de los vecinos y visitantes, así como del terreno sobre el que está construida tu vivienda.

Incluso el cristal más pequeño llenará gradualmente el ambiente de calma o alegría con el paso de los meses, pero si tú, los miembros de tu familia o la casa necesitáis un rápido estallido de energía o armonía, prueba esto. También puedes hacer esto antes de una reunión social en casa, para así crear una atmósfera benéfica y para, después de que la gente se haya ido, despejar las energías que anden agitando y devolver la paz a la casa.

Especifica lo que necesitas del color del cristal: por ejemplo, calma para ti mismo o para devolver la felicidad al hogar luego de una disputa. Escoge un cristal de tu repertorio mediante el tacto, con los ojos cerrados, pasando las manos por encima de ellos hasta que te sientas atraído por uno en concreto.

Te sintonizarás con el cristal que más necesites en ese momento, y si el color es sorprendente, tu intuición natural, asistida por tus ángeles de la guarda, habrá detectado factores y energías subyacentes que no reconoces conscientemente y que necesitan reparación. Así que el cristal que elijas siempre será el correcto.

Si estás ordenando la casa, colócate lo más cerca posible del centro de la casa. Coloca el cristal elegido entre tus manos, a unos centímetros del rostro, e inhala lenta y suavemente por la nariz, visualizando la luz cristalina del color de la piedra. Siente cómo la luz fluye por todas las partes de tu cuerpo, calmándote si es un color frío, como el azul, y dándote energía si es un tono cálido, como el rojo. Si el color es necesario para ti, exhala con un suspiro lento por la boca, visualizando rayos oscuros como el humo del estrés, la ansiedad o el agotamiento que abandonan tu cuerpo.

Si realizas este ritual para otro miembro de la familia (no es necesario que esa persona esté presente), una mascota o una habitación específica, o incluso toda la casa, imagínate la fuente para la que se necesita el color. En tal caso, sopla suavemente por la boca tres veces, visualizando a la persona, animal o lugar impregnado de luz cristalina. Tanto si te estás enviando color a ti mismo como a otro objetivo, continúa la secuencia a un ritmo lento y constante, imaginando que el color cristalino te envuelve, a ti o al objetivo, en una esfera de luz protectora, relajante o fortalecedora. Puedes hacerlo en cualquier lugar, incluso de manera solapada mientras viajas o estás en el trabajo, sosteniendo el cristal entre las manos cerradas y ahuecadas o tocándolo en un bolsillo o bolso, para establecer la conexión espiritual.

HACER DE TU CRISTAL EL CORAZÓN DE TU HOGAR

Para que tu hogar sea armonioso, pletórico de la fuerza vital que trae abundancia y repele el mal, tanto si tal hogar está en un estudio de una casa alquilada como en una remota vivienda de tres plantas, has de crear un oasis cristalino lo más cerca posible del centro de su casa. A los pocos días de establecer tu lugar cristalino, las comidas, ya sea solo o con la familia, te resultarán más placenteras, los miembros difíciles de la familia se volverán más comunicativos y amistosos, y las plantas, los animales y las personas prosperarán.

Lo mejor de todo es que la presencia de cristales en tu casa, a lo largo de los meses y los años, regula y equilibra espontáneamente el flujo de energías, de modo que tienes más suerte y salud y disfrutas de mejores relaciones dentro y fuera de casa. No es necesario que compres todos los cristales que te sugiero a la vez, ni más de uno o dos para cada propósito, pero puedes ir añadiendo los que te gusten en el transcurso de los meses y los años. Una vez que empieces a coleccionar cristales, te garantizo que se convertirá en una pasión para toda la vida.

Necesitarás

- Una mesa baja rodeada de cómodos asientos.
- Pequeñas velas blancas, una por cada miembro de la familia, incluidos los ausentes y, si así lo deseas, los seres queridos fallecidos. Enciéndelas al anochecer o cuando regrese cada persona que vive contigo, y luego prende las velas por los miembros ausentes o fallecidos, al tiempo que pronuncias una bendición silenciosa.

Coloca el cuenco con los doce cristales en el centro de la mesa, a los que has de sumar los que vayas descubriendo o aquellos por los que te sientas atraído. Coloca pequeños ángeles de cristal en círculo, uno por cada miembro de la familia. La cuestión de los ángeles de cristal se tratará en las páginas 52 y 116, y tienes la alternativa de utilizar tu cristal zodiacal en forma de ángel o incluso a modo de cristal adicional (ver página 116). Alternativa o adicionalmente, añade un pequeño cuenco de cristales angélicos (comentado en las páginas 52 y 116). Además, en el centro, coloca una esfera de cristal de cuarzo transparente, para transformar constantemente las energías negativas o rancias en armonía e irradiarlas en formas de luz y como energías positivas de suerte, salud y prosperidad, atrayéndolas hacia ti.

Añade una pequeña geoda de amatista, con diminutas amatistas centelleantes en el interior de la roca, para absorber cualquier energía negativa de la tierra ubicada bajo tu hogar, e irradiar así calma y equilibrio.

Ten también contigo una pequeña esfera o pirámide de cuarzo rosa, sobre la mesa, para atraer y mantener el amor y la lealtad en el hogar, así como para transformar en amabilidad las palabras poco amables, la rivalidad entre hermanos o las disputas intergeneracionales.

Añade vegetación y plantas en macetas (no flores cortadas, ya que las que crecen propagan mejor la fuerza vital) y, si lo deseas, quema aceite floral liviano o pon recipientes de una mescolanza hecha de rosas y lavanda, para ayudar a agitar y equilibrar las energías.

Siempre que tengas tiempo, siéntate en silencio, solo o acompañado de miembros de tu familia, a la luz de las velas, con el único sonido de una suave música de fondo. Los aparatos electrónicos están prohibidos en tal espacio.

Los niños pueden terminar el día tranquilos a la luz de las velas y así irse a la cama relajados y felices. Los adultos también pueden terminar el día en tranquila contemplación, si es que están solos, o conversando, en lugar de trabajar en proyectos desde sus despachos, permitir la invasión del mundo exterior a través del ordenador o el iPad, o ver la televisión hasta caer en un sueño espasmódico.

El lapso temporal de desaceleración cristalina es la mejor cura contra el insomnio y el estrés del día, a las dos de la madrugada.

INTRODUCIENDO UN SUSTRATO DE ENERGÍAS CRISTALINAS EN TU HOGAR

Para que las comidas resulten armoniosas, mantén en la mesa un plato con cristales muy pequeños de ágata *blue lace*, jade verde, calcita verde o azul (pulida o natural), ópalo andino azul, calcedonia azul y fluorita verde o morada, o una mezcla de cualquiera de ellos.

Cuelga cristales transparentes, mediante cordones, en las ventanas para atraer el arcoíris y, con él, la alegría, la salud y la abundancia, llegadas desde todas las direcciones a tu hogar. Puedes comprar cristales colgantes captadores de sol ya hechos, pero asegúrate de que sean de cristal auténtico y no de vidrio.

Si las escaleras dan a la entrada de tu casa, los cristales suspendidos sobre las puertas, incluso aunque estas den a un pequeño pasillo, difunden luz y energías positivas y animan a la fuerza vital a fluir hacia arriba y no a salir directamente por la puerta principal.

Coloca cerca de la puerta de entrada un pequeño plato de cristales vibrantes, como por ejemplo lapislázuli dorado y azul, ámbar naranja o amarillo resplandeciente, resina de árbol fosilizada que a menudo tiene insectos u hojas fosilizadas, amazonita verde, calcopirita dorada, cuarzo rutilado dorado y bornita iridiscente arcoíris o calcopirita.

Si necesitas una repentina inyección de entusiasmo antes de salir por la mañana, para afrontar un día potencialmente difícil, sujeta uno de los cristales que te atraen durante uno o dos minutos e inhala su energía, o llévalo contigo, junto con tu cristal del día.

Toca un cristal brillante vibrante, como por ejemplo el cuarzo transparente, la cornalina naranja o el citrino, cuando quieras llamar la atención socialmente, en una cita u ocasión especial, o brillar en el trabajo, y de nuevo, llévalo contigo en un bolso pequeño si así lo deseas.

Ten cristales oscuros en un plato también junto a la puerta de entrada —por ejemplo, obsidiana negra (vidrio volcánico), azabache, lágrima apache (obsidiana a través de la cual se puede ver la luz) o cuarzo ahumado— para que puedas coger uno al volver del trabajo y dejar que absorba las tensiones del día. También son buenos para repeler y reducir los efectos nocivos de vecinos desagradables o visitantes hostiles. Sostén el cristal oscuro durante un minuto o dos hasta que sientas que la tensión desaparece, y después lávalo y déjalo secar al aire.

Si percibes que tu casa está desequilibrada debido a una racha de enfermedades, peleas frecuentes o disgustos con los vecinos, o si te sientes asustado por una presencia paranormal en el hogar, los cristales de amatista, especialmente las geodas (pequeñas amatistas incrustadas en una matriz de roca) son protectores por naturaleza. Colócalas en la repisa de una ventana de cada habitación (solo necesitas las más pequeñas) o añade unas cuantas amatistas más a tu plato principal de cristales; si necesitas nuevos comienzos, utiliza una amatista Chevron que también tenga blanco. Antes de colocarlos, sostenlos entre las palmas de las manos y di: «Protege mi hogar y a todos los que viven en él de la negatividad y transforma la oscuridad en luz». Una vez a la semana, pasa una varita de incienso de lavanda encendida sobre cada amatista, en espiral, en el sentido contrario a las agujas del reloj y luego en el sentido de las agujas del reloj, y esto las limpiará y les dará nuevo poder.

Mantén tres o cuatro jadeítas en un cuenco con agua para impregnar de energías vivas y frescas el hogar o el lugar de trabajo.

LOS CRISTALES Y TU JARDÍN

Tener cristales en el jardín, en un balcón o en una zona de plantas de interior aumentará la salud de las plantas y, al mismo tiempo, amplificará las energías de atracción de salud y riqueza, propias de las plantas, para que se extiendan por toda la casa y la familia.

Los chinos construían jardines cristalinos en miniatura que representaban un camino que podía ofrecer temporalmente un atisbo del paraíso. A menudo estaban hechos de jade, que es una piedra asociada a la inmortalidad.

Los cristales de jardinería incluyen el ágata musgosa azul y verde, y el ágata dendrítica o arbórea verde y blanca; la crisoprasa verde; el jade verde; el jaspe verde y a menudo con dibujos oscuros; cualquier ágata bandeada; la fluorita verde, azul o morada; la calcita verde; y el cuarzo rutilado dorado. Los cristales de jardinería protegen el hogar, la propiedad y el terreno de intrusiones, daños, vandalismo o robos y de vecinos difíciles o ruidosos.

Coloca una ágata musgosa o arbórea en la maceta de una planta verde exuberante a cada lado de la puerta de entrada, para que solo entren en tu casa personas y energías positivas cuando se abra la puerta.

Planta seis pequeños cristales de jade verde o cuarzo rutilado en una maceta de albahaca, tomillo o menta o bajo un laurel para que la prosperidad, la salud y las relaciones amorosas felices se incrementen a medida que la planta crece.

Marca los límites de tu casa con cuatro cristales de jardinería cualesquiera (puedes mezclar los distintos tipos de cristal si lo deseas).

Coloca sobre cada uno de ellos plantas protectoras como bambúes, cactus, laureles, palmeras, mirtos, enebros, espinos o serbales.

Entierra un cristal de jardinería en las cuatro esquinas de tu terreno o, si estás en un apartamento, colócalos en las cuatro esquinas de la casa en macetas en las que hayas plantado hierbas. Entre las hierbas protectoras cabe destacar la albahaca, el comino, la menta lavanda, el perejil, el romero, la salvia, el tomillo y el vétiver.

Sostén cada cristal por turno antes de plantar y di: «Que los guardianes de esta tierra mantengan mi hogar y a mis seres queridos a salvo de todo daño y peligro físico, psicológico y psíquico, por parte de falsos amigos, así como de extraños.

Si una planta o un árbol en particular se está marchitando, haz un círculo con un cristal de jardinería sobre la planta y alrededor de todas las hojas o el tronco; primero, nueve veces en el sentido contrario a las agujas del reloj y luego nueve veces en el sentido de las agujas del reloj, pidiendo a la Madre Tierra y a la esencia del espíritu de la planta, o del árbol, que envíen bendiciones y fuerza a sus raíces. Haz esto diariamente hasta que la planta mejore.

Energiza el agua para regar flores o plantas colocando un jade verde en el agua durante dos o tres horas antes.

Guarda un pequeño jade en el fondo de un jarrón de flores cortadas para prolongar la vida de las flores.

CINCO CRISTALES PARA EL HOGAR Y LA JARDINERÍA

Puedes añadir estos cristales a tu juego básico de doce.

1. Ágata *blue lace*

Es una piedra de Júpiter, veteada de blanco o hilo, que a menudo se asocia con los ángeles y que es un cristal natural de repertorio que resulta útil para calmar el estrés.

Esta piedra, entre otras propiedades, favorece una comunicación clara; llévala contigo cuando te dirijas a una reunión, vayas a una entrevista o hables en público, o ante los medios de comunicación para así ser claro, conciso y persuasivo, y evitar atropellarte con las palabras. Puedes llevarla a negociaciones para lograr llegar a compromisos, especialmente con personas sin tacto, críticas o demasiado asertivas; es una excelente piedra en cuestiones de vecindad, contra la agresividad o contra los ruidos.

Para enfrentarte a colegas o visitantes difíciles, remoja tres ágatas *blue lace* en una jarra de agua durante una o dos horas, retíralas y utiliza el agua para prepararles bebidas que suavicen las palabras duras o críticas.

Como cristal del día, el ágata azul nos indica que debes expresar lo que sientes en voz baja y con firmeza, y recibirás una respuesta favorable. Puede que necesites enseñar o aconsejar a otros, así que ten paciencia.

2. Calcita verde

La calcita verde, que es una piedra de Venus, ya sea pulida y tallada, o al natural y con aspecto de hielo verde, refrena a los adictos al trabajo y a las personas que siempre tienen prisa, aporta armonía a las comidas y a las reuniones sociales, atrae el dinero y las oportunidades gracias al trabajo duro, y favorece sobre todo los nuevos negocios.

Asimismo, es bueno para comenzar a seguir regímenes alimenticios saludables y para cualquier persona que tenga problemas o fobias a la comida. Calma a los niños hiperactivos o torpes, y a los animales hiperactivos y ruidosos; también fomenta la generosidad y el compartir. Sagrada para la tierra y los espíritus de la tierra, la calcita verde favorece el crecimiento sano de las plantas y la conciencia medioambiental.

Como cristal del día, nos dice que, de manera temporal, te puede pedir que des más de lo que recibes, pero dicha aportación extra te generará recompensas futuras; si el dinero escasea, mira a ver si puedes hacer malabarismos con los recursos de los que dispones o ganar algo extra gracias a algún hobby, porque vienen tiempos mejores.

3. Cuarzo rutilado

El cuarzo transparente relleno de agujas de oro, plata o rutilo rojo es sagrado para el Sol, y restablece el equilibrio en el hogar, y minimiza las rabietas de los y las adictas a organizar dramas, sean cuales sean sus edades. Al ser el cristal del oro oculto y de los talentos ocultos, es uno de los mejores para realzar la belleza interior, así como para desarrollar y ganar dinero con las artes creativas y la artesanía, la música, la escritura y la actuación en público. Conduce hasta el empleo adecuado a las personas que no están contentas en su trabajo o han sido despedidas. También es útil para formarse y reciclarse, sobre todo en la segunda mitad de la vida. Puede ayudar a superar la discriminación que se sufre por razón de la edad y a recuperarse tras un despido. A menudo denominado también cabello de ángel, cada cristal de cuarzo rutilado contiene un espíritu guardián que protegerá de todo mal a su propietario o usuario.

Como cristal del día, el cuarzo rutilado nos dice que debes alcanzar esos sueños aparentemente imposibles, porque tienes mucho más talento del que crees. Impúlsate y brilla.

4. Ágata árbol o dendrítica

Otra piedra de Venus, este cristal blanco tiene inclusiones o venas en forma de árbol, como plumas de color verde. Se trata de un cristal para prosperar poco a poco y es una piedra excelente a la hora de conseguir contactos en el lugar de trabajo, en Internet y en el extranjero. También es bueno para llevar a cabo actividades en grupo y unir a la gente en una causa o interés común, encontrar o reconectar con parientes perdidos o distanciados, tener éxito en las citas por Internet, hacer crecer el propio negocio y convertir una afición en una fuente de dinero.

Como cristal del día, el ágata arbórea nos invita a cooperar con los demás y a trabajar en empresas conjuntas; también a aceptar que los asuntos pueden avanzar con lentitud, pero teniendo el éxito asegurado.

5. Jade

Por norma general, son todos de color verde, aunque puede variar del blanco al lila y del amarillo al negro, el jade se presenta en dos formas, la nefrita y la jadeíta. Llamado el cristal del jardinero y el cristal del crecimiento gradual de todas las cosas, el jade pertenece a Venus. El jade nos trae buena fortuna en la vida y en los juegos de azar, y es un potenciador natural de la prosperidad, si lo guardamos en la caja registradora o cerca de un ordenador dedicado a las cuentas en un negocio. El jade es el cristal del amor nuevo y joven, y también del amor en la vejez, y promete que tal amor será duradero.

En la antigua China, se fabricaban recipientes de jade para transferir la fuerza vital y la salud a través de los alimentos que se consumían en ellos.

Como cristal del día, el jade nos dice que ahora es el momento de pensar en tu futuro a largo plazo y considerar la posibilidad de asumir un compromiso, tomar una decisión o realizar una inversión que has estado posponiendo; ahorrar en lugar de gastar a día de hoy.

❈ 3 ❈

CRISTALES, AMOR Y FAMILIAS FELICES

LOS CRISTALES, DEBIDO A SU PODER VIBRANTE, PUEDEN utilizarse como foco para conducirnos hasta aquello que nos hará más felices, bien sea esto el amor, la fertilidad, la seguridad o el bienestar de nuestros hijos y mascotas, o todos ello junto. Al final de este capítulo encontrarás más cristales para añadir a tu colección, incluidos los relacionados con los temas que se tocan en este capítulo.

CRISTALES Y AMOR

Las gemas y los cristales se han estado regalando, por tradición, como pruebas de amor a lo largo de los siglos. Por ejemplo, el segundo aniversario de boda se regala un granate, el duodécimo jade, el trigésimo una perla, el trigésimo quinto una esmeralda, el cuadragésimo un rubí y el sexagésimo un diamante.

Los cristales y las gemas preservan el amor a través de los años, pero también tienen el poder de atraer dicho amor, ya sea que se lleven encima en forma de colgante, un anillo o una pulsera, o como cristales gemelos, a juego, dentro de una bolsita con cordón, uno para cada amante. Cada vez más, las personas divorciadas o solteras eligen una piedra del amor favorita y llevan un anillo en el dedo nupcial, para indicar que su vida interior es plena.

Los cristales del amor actúan abriendo el campo de energía personal o aura que nos rodea, cuando damos poder a las piedras y las llevamos puestas. Las gemas potenciadas para el amor no solo aumentarán espontáneamente nuestro resplandor natural, sino que también convocarán a la persona que resulte adecuada para nosotros y nos conducirán, en apariencia por casualidad, al lugar donde, normalmente de forma totalmente inesperada, encontraremos a nuestro verdadero amor.

Es más, podemos programar un cristal para aumentar el compromiso, para perseverar cuando las cosas se ponen difíciles, o incluso para propiciar una reconciliación. También se puede programar una gema o un cristal para regalársela a un amante. El ritual de potenciación del cristal que presentamos a continuación se dirige a la invocación de un amor conocido o desconocido, pero puede adaptarse de igual manera para el compromiso, o para la conservación del amor en tiempos difíciles, o para la reconciliación, si cambiamos ligeramente las palabras.

Potenciar tu cristal o gema del amor

Enciende una vela verde, que es el color del amor. Mira a la llama y di: «Enciendo esta vela para llamar y conservar el amor de (nombre de la persona, si se conoce) o de la persona adecuada para mí. Pasa tres veces la joya, en el sentido de las agujas del reloj, alrededor de la llama de la vela y di una sola vez: «Te llamo, amor mío, para que vengas a mí y te quedes conmigo, fiel y amorosamente, mientras brille el sol y corran las aguas sobre la tierra, lo que será para siempre». Apaga la vela diciendo: «Ven a mí, amor mío, y quédate conmigo para siempre». Llévala siempre que salgas con alguien, y también a un lugar donde esperes conocer a alguien nuevo, o en momentos de tu vida en que la necesites, como por ejemplo para aumentar el compromiso. Repite esto semanalmente, utilizando la misma vela, hasta que se agote, y entonces sustitúyela por una nueva.

Cristales y gemas del amor

He aquí algunos cristales y gemas que pueden utilizarse para el amor.

Se pueden comprar rubíes, esmeraldas y granates que no sean piedras preciosas, y que funcionan tan bien como las joyas, más caras.

El ámbar naranja protege contra las influencias externas negativas y las interferencias, y convoca a un alma gemela, y/o a un antiguo amor de nuestra juventud. La amatista púrpura apacigua las disputas amorosas, y previene contra el amor obsesivo y la codependencia. La aguamarina azul pálido recupera un amor que se ha alejado y ayuda a convivir en armonía a dos personas con estilos de vida diferentes. La cornalina naranja reaviva la pasión que se ha ido perdiendo en una relación amorosa; también es buena para el compromiso, cuando las cosas van despacio. El diamante aporta fidelidad y defensa contra los rivales amorosos, o aquellos que intentan romper una relación duradera. Las esmeraldas que se guardan cerca del corazón atraen el amor futuro. Si se llevan abiertamente, pueden sanar una relación tras haberse producido una infidelidad o una separación. El granate verde hace que los demás acepten un amor secreto o prohibido; el granate rojo aporta romanticismo y diversión a un amor lastrado por las preocupaciones. El jade verde debe utilizarse para el amor nuevo, el amor tranquilo y la fidelidad. El jaspe rojo sirve para la pasión y superar las vivencias con una expareja celosa. Las piedras lunares crema, si hay dos iguales, se regalan una a cada miembro de la pareja, para mantener el amor fresco, sobre todo si la relación es a distancia. El ágata musgosa azul y verde puede utilizarse para el amor que surge de una amistad o con un compañero de trabajo. El cuarzo rosa es bueno para el amor después de una relación previa y destructiva, y para la reconciliación después de peleas. Las perlas deben regalarse a una recién casada para que nunca tenga que llorar durante su vida marital. El rubí es para el amor maduro y duradero; se vuelve más pálido si el amor resulta ser falso, y evita los enojos entre la pareja. El zafiro azul se utiliza para el amor nuevo, el compromiso y la fidelidad, especialmente si uno de los miembros de la pareja trabaja habitualmente fuera de casa. El topacio dorado se usa tradicionalmente para atraer a un amante rico. La unakita verde y rosa, que es a la vez la piedra de Marte y Venus, es un cristal de almas gemelas.

CRISTALES Y FERTILIDAD

Para concebir un hijo, ya sea por medios naturales o mediante una actuación médica, como por ejemplo la fecundación *in vitro*, coloca uno de los cristales de la fertilidad que aparecen en la página 51 en el alféizar interior de una ventana, durante las fases de luna que van de creciente a llena. Las piedras ovaladas o los pequeños huevos de cristal son ideales para tal cometido.

La noche de luna llena, pincha el cristal con un pequeño alfiler de plata antes de hacer el amor. Deja el cristal y el alfiler en la repisa hasta el mediodía del día siguiente, luego envuélvelos en seda blanca; guárdalos en un cajón hasta la siguiente luna creciente, cuando podrás repetir el ritual si es necesario.

Como variante a esto, se puede introducir un cristal de ámbar redondeado y azabache puntiagudo en una bolsa de tela roja, atarla con tres nudos de cordón rojo y colocarla debajo de la cama, mientras se hace el amor.

Otro antiguo método de concepción consiste en colocar una unakita verde y rosa bajo la almohada, antes de hacer el amor.

Cristales de la fertilidad

El ámbar naranja puede utilizarse para aumentar la potencia sexual y la fertilidad, especialmente si se siente ansiedad tras una anticoncepción artificial prolongada. La cornalina naranja es la mejor para las futuras madres ya mayores. La piedra lunar cremosa es el cristal más poderoso que existe para la fertilidad. Las brillantes joyas de selenita blanca que se llevan, en las semanas previas a la concepción, aportan equilibrio corporal.

Si tú o tu pareja estáis embarazados, escoged cualquier cristal hacia el que os sintáis instintivamente atraídos, o uno de los cristales de la fertilidad citados, cuando sintáis por primera vez que el bebé da patadas en el interior. Sostén el cristal sobre el vientre siempre que los padres hablen o canten al feto, y llévalo a la sala de partos para favorecer que el bebé nazca con facilidad y seguridad (esto es bueno tanto para las cesáreas elegidas como para los partos naturales).

Después de que nazca el niño, mantén el cristal cerca de la cuna del bebé; haz girar el cristal especialmente elegido para el nacimiento sobre un bebé inquieto, para calmarlo.

La selenita induce a la calma durante el embarazo, el parto y todas las etapas de la maternidad; también es un regalo encantador para una nueva abuela.

CRISTALES Y NIÑOS

Los niños sintonizan por naturaleza con las energías de los cristales. Cuando sean lo bastante mayores como para usar cristales sin riesgo de tragárselos, regálales una bolsa de pequeños cristales redondos de distintos colores, con los que puedan jugar, tramar historias, y curar a sus muñecos y ositos de peluche. Tradicionalmente, las madres creaban un amuleto de coral o jade protector, para colgar sobre la zona de dormir del bebé, y las férulas de ámbar vuelven a estar de moda.

Regala un cristal a un recién nacido, ya durante la ceremonia de bautizo o cuando visites por primera vez a los padres y al recién nacido. Antes de regalar el cristal, dótalo con un talento especial o una bendición para el niño, al estilo de las hadas madrinas. Añade cristales a la colección cada vez que el niño cumpla años o cubra una etapa importante, como, por ejemplo, el comienzo de la escuela; y, cuando el chico se vaya de casa, podrá llevarse los cristales como vínculo con su hogar.

La protección de los cristales y los niños

Muchos niños, sobre todo los más sensibles, sufren de miedos, pesadillas y terrores nocturnos, y un cristal protector colocado junto a la cama, y activado por el niño cada noche, puede ayudarle a superar el miedo a la oscuridad o a los fantasmas, o a los intrusos humanos.

A veces, en lugar de un cuento tradicional, deja que tu hijo elija un cristal de su bolsa y, juntos, construid una historia del ángel o hada de cristal. Coloca el cristal cerca del niño para que duerma tranquilo y tenga sueños apacibles. Dispón trozos grandes y sin pulir de cuarzo rosa o amatista morada como protectores nocturnos. También puedes comprar un hada o ángel de cristal.

Los niños mayores y los cristales

Si un niño o adolescente es víctima de acoso escolar, insufla poder a un pequeño cristal rojo o naranja elegido por el propio niño, para que lo lleve a la escuela o al colegio en una bolsita o monedero, o como portador de suerte, si las pruebas o los exámenes son un problema para él. Otorga poder al cristal encendiendo una vela blanca y pasando el cristal alrededor de la misma, nueve veces, en el sentido de las agujas del reloj, pidiendo a los ángeles específicamente la protección o el apoyo que necesita tu hijo. Apaga la vela y vuelve a dar poder a la vela cada semana.

Cose un pequeño cristal protector de los de la sección siguiente en el forro del abrigo de un niño.

Un tarro de perlas, colocado en el dormitorio de un niño, le otorga la tutela del arcángel Gabriel de la Luna mientras duerme. Añade unos cuantos cuarzos claros (la piedra del arcángel Miguel del Sol) para ofrecerle protección durante el día.

Cristales especialmente buenos para los niños

La angelita azul con vetas conecta a los niños con sus ángeles de la guarda; también es buena para regular el ritmo del sueño en bebés y niños pequeños. El lapislázuli azul y dorado ayuda a los niños superdotados que se sienten frustrados en la escuela y es bueno para los que tienen problemas de comunicación. Las ágatas listadas previenen de accidentes, y calman las rabietas y la angustia de los adolescentes. La malaquita verde y negra protege a los adolescentes de los contactos imprudentes por Internet o del acoso por SMS o correo electrónico. El ojo de tigre rojo puede usarse contra el acoso en el patio del recreo o fuera de la escuela; además, esta piedra evita que un niño mayor se sienta tentado, debido a la presión de sus compañeros, a adoptar un comportamiento imprudente. La calcedonia rosa y blanca alivia los celos y la rivalidad entre hermanos; también acostumbra a los bebés al mundo exterior, tras su vida en el útero. El cuarzo rosa es útil para curar miedos, fobias, traumas y abusos, así como para conciliar el sueño. La mangano-calcita, o calcita rosa, alivia la inquietud de los bebés y los niños pequeños, especialmente cuando se encuentran mal; es bueno para que madre e hijo establezcan vínculos, tras un parto difícil, y para que los niños pequeños superen el miedo a los animales o a los lugares extraños. La amatista púrpura puede utilizarse con niños de cualquier edad que tengan problemas de sueño o pesadillas, o que sufran de ansiedad; protege a los niños y adolescentes psíquicamente sensibles de fantasmas hostiles y de sucesos paranormales. El citrino es una piedra útil para el estudio y ayuda a la retención de cono-cimientos; une a las familias adoptivas y también a encontrar una nueva pareja matrimonial. El jade protege al niño de las enfermedades y de las personas dañinas; la madreperla, colocada sobre el vientre del recién nacido durante unos segundos, dota al bebé del amor y la protección de la madre incluso cuando esta está ausente.

CRISTALES Y ANIMALES

Dado que los cristales son una parte tan poderosa de la naturaleza, reconectan con la tierra incluso a las mascotas más urbanitas, devolviéndoles la salud y la vitalidad y reduciendo la irritabilidad o la hiperactividad.

Sea cual sea el tipo de criatura que comparta tu espacio vital, deja pequeños platos conteniendo una mezcla de cristales verdes, marrones, dorados y naranjas, alrededor de la casa, cerca de donde la mascota suela sentarse o dormir. Los minerales sin pulir o incrustados en rocas sintonizan mejor con las energías de la tierra.

El cristal de jade verde pastel, colocado en el agua de la mascota durante unas horas antes de su uso (retira el cristal antes de darle de beber) preserva su salud y calma a una mascota agresiva o bulliciosa, o que orina para marcar su territorio.

La turquesa, fijada a los collares de las mascotas, a las bridas de los caballos y a los espejos de los pájaros enjaulados evita que nos los roben, o que la criatura se pierda o se extravíe. La turquesa también es un amuleto contra los accidentes, la malicia de los que odian a los animales y los efectos nocivos de los contaminantes. Si adoptas una mascota en un refugio de animales, unos trozos sin pulir de cuarzo rosa y calcita verde cerca de la entrada de tu casa persuaden al animal para que se quede.

Cristales especialmente buenos para las mascotas

Las ágatas con franjas marrones, rosas y leonadas pueden colocarse bajo las esquinas de la cama para mascotas añosas o con enfermedades crónicas. La aguamarina azul alivia del *shock* y el trauma a los animales maltratados, y mantiene la salud de los peces, si se coloca en una pecera o estanque. El heliotropo verde oscuro, con manchas rojas, puede utilizarse para criar animales con éxito, ya que evita que las madres primerizas, rechacen a sus crías y ayuda a las criaturas tímidas a resistir el acoso de los animales mayores. El ojo de gato, lo mismo que el crisoberilo verde amarillento, el cuarzo ojo de gato verde grisáceo o amarillo, o el ojo de tigre verde mantiene a salvo a los gatos, sobre todo si deambulan de noche o viven en zonas concurridas. El jaspe dálmata, con manchas negras sobre fondo leonado o crema, mantiene a los perros en buenas condiciones y refuerza el adiestramiento en cuanto a obediencia. La rosa del desierto, de color marrón pálido y textura rugosa, protege a lagartos, serpientes, hámsteres y cobayas, así como a criaturas muy viejas y enfermas de todo tipo. La fluorita verde vítrea atrae a nuestro jardín a pájaros, libélulas y mariposas. El ojo de halcón azul brillante protege a todas las criaturas durante los viajes y fuera de casa; también es beneficioso para la salud de los pájaros de jaula o de pajarera. La obsidiana nevada es muy curativa para los caballos, cuando se ejercitan en lugares donde hay tráfico.

CINCO CRISTALES PARA AÑADIR A TU COLECCIÓN

Estos son otros cinco cristales especialmente relacionados con el amor, la fertilidad, los niños y los animales, que tienes la opción de añadir a tu colección.

1. Ámbar

El ámbar, que es piedra del Sol, contiene el poder de muchos soles y las almas de muchos tigres, por lo que aporta confianza, mayor carisma y resplandor, y un valor tranquilo para dejar tu huella personal en la vida y amarte tal como eres. Esta resina arbórea fosilizada y translúcida, de color dorado anaranjado, amarillo o marrón elimina los obstáculos que te pongas en tu propio camino, mejora la memoria a corto plazo, acaba con las actitudes rígidas o conflictivas en el lugar de trabajo, favorece el recuerdo espontáneo de vidas pasadas y ayuda a rastrear tu ascendencia familiar.

Como cristal del día, el ámbar promete admiración inesperada e incluso flirteo, pero piénsatelo antes de renunciar a un amor fiable a cambio de una pasión momentánea.

2. Unakita

Regida por Plutón, planeta de los finales de lo que ya no se quiere y de los nuevos comienzos, la unakita de color verde oliva y rosa salmón te mueve a establecer prioridades y trabajar sistemáticamente, si te sientes abrumado por las tareas o exigencias propias de su tiempo; favorece las asociaciones armoniosas, tanto en el amor como en las alianzas y empresas conjuntas en temas de negocios; es especialmente útil si trabajas con un pariente o amigo; y otorga conocimiento sobre la ubicación de aquello que se ha perdido. Lleva unakita encima cuando asumas riesgos calculados y realices inversiones sensatas.

Siendo un cristal de relaciones felices y duraderas, la unakita se coloca tradicionalmente en una bolsa de tela sellada, como símbolo de matrimonio o compromiso; sustitúyela cada siete años y tira el cristal viejo a un curso de agua corriente.

Como cristal del día, la unakita aconseja centrarse en las oportunidades futuras y no en los errores o pérdidas del pasado; y ayuda a evitar el repetir viejos errores.

3. Turquesa

La turquesa verde azulada moteada es la piedra de Júpiter, la piedra suprema del liderazgo, la autoridad, la promoción, la justicia y la igualdad. Alguna de las propiedades es que alivia el *jet lag* y el miedo a volar. Os protegerá si tú o algún miembro de tu familia sufrís prejuicios o acoso; también supera el bloqueo del escritor o del artista.

La turquesa es una piedra que potencia la comunicación clara, cuando estás dando información o sospechas que te están suministrando información errónea.

Como cristal del día, el turquesa te indica que debes aclarar los malentendidos y evitar a las personas que intentan venderte a toda costa o presionarte emocionalmente.

4. Malaquita

De un verde esmeralda con rayas negras, la malaquita es otra piedra de Plutón y es el cristal anticontaminación por excelencia; desaconseja depender demasiado de los demás. Mantén la malaquita cerca de congeladores, frigoríficos, microondas, televisores, ordenadores y videoconsolas, así como junto al teléfono móvil durante la noche. La malaquita contrarresta las luces fluorescentes demasiado brillantes y las llamadas telefónicas, y los mensajes de correo electrónico, negativos y desagradables. También ayuda a superar el miedo a volar.

Como cristal del día, la malaquita te sugiere que has de resistirte a la posesividad o al drenaje de energía por parte de los demás y seguir tu propio camino.

5. Ágata listada

Este cristal terroso, llamado también *arcoíris terrenal*, que tiene bandas concéntricas de color, predominantemente grises, negras o marrones, es la piedra de Saturno. Supera el amor irreal o no correspondido, y aumenta las posibilidades de ganar competiciones de fuerza física y resistencia. Es el cristal por excelencia contra las compras compulsivas, cuando se lleva en un bolso o cartera.

Equilibra a las familias que se unen por segundas nupcias y también entre distintas generaciones, así como a distintas facciones y grupos que necesitan trabajar juntos. Es bueno para hacer frente a dos trabajos y transformar las iniciativas creativas en un producto comercializable.

Como cristal del día, el ágata en banda te invita a que consideres los dos lados de una cuestión e intentes descubrir factores ocultos que no has tenido en cuenta; trabaja y actúa a tu propio ritmo hoy.

4

LOS CRISTALES EN EL LUGAR DE TRABAJO

A LO LARGO DE LA HISTORIA, LOS CRISTALES, EN ESPE-
cial los brillantes y diáfanos, como, por ejemplo, el citrino y el
cuarzo transparente, o las piedras de ricos colores, como el lapislázuli azul y dorado, se han tenido por piedras que atraen de forma natural
las oportunidades de ganar dinero. De hecho, pueden utilizarse hoy en día
para guiarte —al parecer de forma espontánea— hacia los lugares y personas
adecuados que te ayudarán en tu carrera profesional. Llevar encima o usar
los cristales apropiados de tu lugar de trabajo aumentará el poder de estos, a
medida que se armonicen con tu campo de energía personal, con el paso de
las semanas y los meses.

El cristal más eficaz para el lugar de trabajo es una esfera de cristal transparente, ya que integra a las personas y las situaciones, cuando se coloca en el
centro de una oficina o de una fábrica de planta diáfana para lograr un trabajo
en equipo armonioso y productivo. En un espacio de trabajo individual, debes
situarla cerca de un teléfono o encima de un ordenador o fax, para atraer ven-

tajosas llamadas de negocios, ventas y redes de Internet. También transformará las energías negativas que logren colarse en tu aura.

ATRAER AQUELLO QUE MÁS NECESITAS EN EL LUGAR DE TRABAJO

Si estás solicitando un empleo en un clima económico difícil, lanzando un nuevo negocio o buscando un ascenso enfrentándote a una competencia feroz, puedes añadir más fuerza a tu cristal del lugar de trabajo. Trabaja durante un periodo de siete días. Con un cortapapeles, escribe en la cera de una vela azul apagada la afirmación: «El nuevo trabajo sea mío» o «Dame mi merecido ascenso». Adapta las palabras a lo que más necesites en tu ámbito laboral. Coloca el cristal de tu lugar de trabajo delante de la vela. Un cristal de lapislázuli azul y dorado, de turquesa o de howlita azulada resulta ideal para una empresa importante, y un citrino amarillo es adecuado para una acción rápida.

Enciende la vela y di en voz alta siete veces las palabras que has escrito en ella. Ahora pasa el cristal siete veces alrededor de la llama, repitiendo de nuevo la afirmación, hasta siete veces.

Apaga la vela y lleva o ponte encima el cristal. Repite la afirmación durante los seis días siguientes, volviendo a encender la misma vela y colocando el mismo cristal delante de la misma. Hazlo del segundo al sexto día. Apaga la vela cada día y, el séptimo día, deja que se consuma.

PROTECCIÓN EN EL LUGAR DE TRABAJO

La forma más eficaz de obtener protección cristalina continuada en el lugar de trabajo es cargar de poder un cristal oscuro, antes de colocarlo sobre tu escritorio o en tu espacio de trabajo. Si conduce mucho por cuestiones relacionadas con tu trabajo, guarda el cristal en la guantera de tu coche o furgoneta.

La mejor piedra protectora para lugar de trabajo es la obsidiana negra, que es vidrio volcánico, y, si hay un ambiente desagradable en el trabajo, utiliza una flecha de obsidiana apuntando hacia fuera. La venturina azul, que es un cristal azul oscuro con destellos dorados semejantes a un cielo estrellado, es otro poderoso guardián del lugar de trabajo y, como la obsidiana, también atraerá hasta ti el éxito y el reconocimiento.

Todas las mañanas, antes de ir a trabajar o de empezar a conducir, sujeta el cristal entre las manos abiertas y ahuecadas. Sopla tres veces sobre el cristal, con suavidad, y, después de cada respiración, di: «Sé un escudo para mí, para bloquear la negatividad, la malicia y la hostilidad. Permite que solo pasen la luz y la armonía». Cada día, haz alusión a las tensiones, situaciones o personas de las que desees protegerte, y enuncia cualquier deseo o tarea especial que debas cumplir a lo largo del día. Coloca el cristal en tu lugar de trabajo. Lava el cristal semanalmente con agua corriente y déjalo secar de forma natural.

CUESTIONES LABORALES

Si sufres acoso psicológico en el trabajo, que es un problema cada vez más frecuente, coloca un heliotropo verde oscuro y rojo entre tus acosadores y tú. Coloca una cerca del teléfono o del ordenador, si trabajas en un centro de atención telefónica o tienes que atender regularmente llamadas difíciles o correos electrónicos con quejas; traza con ella un círculo, alrededor del teléfono o del ordenador en sentido contrario a las agujas del reloj, si una llamada o un correo electrónico es conflictivo.

Utiliza el jaspe amarillo para contrarrestar el rencor, los celos, las mentiras y a quienes quieran dañar tu reputación. Coloca cinco de ellos en un plato pequeño, en tu lugar de trabajo, o en una bolsa con cordón en tu cajón, para impedir que los compañeros cotilleen sobre ti; déjalos dentro de tu escritorio o taquilla cuando tengas un día libre para así prolongar esta protección en tu ausencia.

Compra dos o tres pequeños cristales de cuarzo transparente con un extremo puntiagudo, y que puedas colocar a lo largo de los tres costados exteriores de tu puesto de trabajo. Gira las puntas de los cristales hacia el exterior cuando aparezcan problemas o intrusiones en el horizonte. Si tienes las puntas de los cristales dirigidas hacia el interior, el resto del tiempo, los cristales transmitirán energías positivas hacia ti durante todo el día.

La calcita azul disuade de agitar a las camarillas, las facciones y las rivalidades en el lugar de trabajo, y protege el equipo, las posesiones y los locales de los robos, y también protege el lugar de trabajo de la deshonestidad.

Los cristales de malaquita verde y negra te protegerán de los efectos más nocivos de los equipos modernos. Ten uno en cada una de las cuatro esquinas de tu ordenador o de cualquier máquina técnica que utilices habitualmente.

Si no puedes exponer tus cristales, debido a la naturaleza de tu trabajo, guarda los redondos en una bolsa con cordón.

Utiliza la cornalina naranja para protegerte de accidentes, si manejas maquinaria o trabajas en servicios públicos, en edificaciones o en el sector de la construcción.

EQUILIBRIO CRISTALINO EN EL LUGAR DE TRABAJO

El equilibrio elemental occidentalizado es un método más sencillo que el feng shui e igual de eficaz, a menos que el feng shui forme parte de tu tradición, de forma natural.

Lo ideal es que los cuatro elementos mágicos ancestrales —tierra, aire, fuego y agua— estén presentes en el lugar y el espacio de trabajo, aunque en proporciones diferentes según la naturaleza de la empresa o la profesión. A continuación, os detallo las asociaciones elementales para diferentes carreras y lugares de trabajo. Tener un plato en tu lugar de trabajo, con cualquiera de los tres o cuatro cristales asociados a tu trabajo, es la mejor manera de garantizar que la mezcla elemental se mantenga y sea equilibrada.

Tierra

Las siguientes profesiones y lugares de trabajo se benefician del uso de cristales de tierra o donde, hay un exceso de tierra, de los cristales de aire como contrapeso.

CARRERAS Y LUGARES DE TRABAJO TERRENOS

Trabajadores de guarderías, cuidadores de personas mayores y discapacitados, trabajadores de bienestar animal y veterinarios, adiestradores y comunicadores con los animales, escultores y alfareros, comadronas, banqueros, contables, inspectores de hacienda, agentes de venta de viviendas, funcionarios públicos, topógrafos y promotores inmobiliarios, artesanos, todos aquellos que cuidan de su familia a tiempo completo o parcial, reformistas de casas, pintores y decoradores, trabajadores de fábricas, directores de funerarias, los que tienen empresas familiares, trabajadores de la silvicultura y el medio ambiente, agricultores, panaderos, aquellos que trabajan en la industria alimentaria, la talla de madera, carpinteros y fabricantes de muebles, personal de jardinería y minería, y aquellos que trabajan con minerales.

CUALIDADES QUE APORTA AL TRABAJO: estabilidad, sentido común, habilidades prácticas, enfoque sistemático, aumento gradual de la prosperidad, realismo, conciencia de las limitaciones impuestas por el tiempo y los recursos, lealtad, flujo regular de trabajo y pedidos, paciencia y perseverancia, atención a los detalles y tolerancia.

CRISTALES: la mayoría de las ágatas, amazonita, aventurina, esmeralda, fósiles, azabache, malaquita, ágata musgosa, obsidiana, cuarzo rosa, cuarzo rutilado, cuarzo ahumado, ojo de tigre, ágata árbol, madera petrificada, y todas las piedras con agujeros en el centro.

EN EXCESO: inercia, pereza, tacañería con el dinero por parte de una persona habitualmente generosa, obsesión por los detalles, incapacidad para adoptar una visión más amplia del asunto, falta de voluntad a la hora de considerar enfoques alternativos, obsesión por el orden, excesivas tareas domésticas o enfoques hogareños, pesimismo y tendencia a la territorialidad.

CONTRARRESTA: Aumento de aire.

Aire

Todas estas profesiones y lugares de trabajo se benefician del uso de cristales de aire o donde hay un exceso de aire, con los cristales de tierra haciendo de contrapeso.

CARRERAS Y LUGARES DE TRABAJO

Arquitectos, urbanistas, médicos, farmacéuticos, dentistas, psicólogos y psiquiatras, todos los vendedores y trabajadores de comercios, asesores hipotecarios y financieros, estudiantes, cualquier persona del sector de las comunicaciones, desde la venta de teléfonos móviles hasta periódicos y revistas, logopedas, conferenciantes, detectives o investigadores, transportistas y conductores, agentes de viajes y representantes de complejos turísticos, todos los que trabajan con Internet, diseñadores de software, ingenieros de televisión, ingenieros de radio y telefonía, abogados, jueces, instructores de *fitness,* editores, autores de libros sobre hechos reales, profesores, investigadores, bailarines y coreógrafos, músicos, exploradores, científicos, programadores informáticos y reparadores.

CUALIDADES QUE APORTA AL LUGAR DE TRABAJO: lógica, enfoque claro, mente inquisitiva y analítica, capacidad para comunicarse con claridad, concentración, versatilidad, adaptabilidad, multitarea, curiosidad, perspicacia comercial y tecnológica, capacidad para ganar dinero, ingenio, aptitudes para las ventas y el marketing, y capacidad para trabajar bajo presión.

CRISTALES: amatista, ágata azul, citrino, cuarzo cristalino, danburita, diamante, lapislázuli, zafiro, sodalita, sugilita y turquesa.

EN EXCESO: mostrarse supercrítico, sarcástico o ingenioso a expensas de los demás, trabajo inusualmente apresurado o impreciso, incoherencia, falta de voluntad para explicar lo que se piensa o las ideas, malhumor, cotilleo, tomarse libertades a costa de la verdad, impuntualidad, pérdida de datos u olvido de citas, y cambio de posición a mitad del camino y sin motivo.

CONTRARRESTA: aumento de tierra.

Fuego

Todas estas profesiones y lugares de trabajo se benefician del uso de cristales de fuego o, cuando hay un exceso de fuego, con los cristales de agua como contrapeso.

LUGARES DE TRABAJO Y CARRERAS RELACIONADAS CON EL FUEGO

Las artes escénicas y creativas, los chefs, cocineros y personal de cocina, los bomberos, las fuerzas armadas, los joyeros y fotógrafos, los trabajadores de seguridad, como por ejemplo como la policía, los mecánicos de automóviles, los fabricantes de automóviles, los inventores, los genios, los poetas, los artistas, los diseñadores de interiores, los trabajadores de ambulancias, todo el personal de los servicios de rescate, cualquier persona relacionada con el teatro o las artes escénicas, jefes de empresas y directores, ingenieros de calefacción central, localizadores de averías, cualquier persona relacionada con las industrias o la producción de combustibles como el gas, el petróleo, la gasolina o la electricidad, herreros y metalúrgicos, los que trabajan en el sacrificio de animales, carniceros, radioterapeutas y cualquier persona que trabaje en la industria nuclear.

CUALIDADES QUE APORTA AL TRABAJO: creatividad, originalidad y fertilidad de ideas, entusiasmo, inspiración, liderazgo, amplitud de miras, valentía, generación de entusiasmo en los demás, transformación de ideas en bruto en una creación comercializable, capacidad para detectar posibilidades incluso en situaciones o proyectos poco prometedores, y disposición para asumir cuando el trabajo no lleva a ninguna parte y desechar así las empresas improductivas.

CRISTALES: ámbar, ágatas de sangre y fuego, piedra sanguina, piedras boji, cornalina, rosa del desierto, granate, hematites, piritas de hierro, jaspe, lava, obsidiana, rubí y topacio.

EXCESO: irritabilidad e impaciencia, rabietas, temperamento autocrático, forzar un ritmo de trabajo poco realista, tanto para uno mismo como para los demás, pérdida repentina de interés en un proyecto, incapacidad para desconectar de un tema o del trabajo, ser cada vez más propenso a los accidentes, excesos megalomaníacos, descuidar lo que te tiene en propiedad, asumir riesgos innecesarios, expresar comentarios o bromas sexuales inapropiados y encender los conflictos latentes en la oficina.

CONTRARRESTA: aumento de agua.

Agua

Las siguientes profesiones y lugares de trabajo se benefician del uso de cristales de agua o, cuando hay un exceso de agua, con los cristales de fuego como contrapeso.

LUGARES DE TRABAJO Y PROFESIONES RELACIONADAS CON EL AGUA
Servicios sociales, comercio de exportación, medicina y terapia alternativas, enfermeros y terapeutas, trabajadores de la salud mental, psicoterapeutas, terapeutas lúdicos, asesores de belleza y moda, floristas, todos los que trabajan en la industria del agua o la energía hidroeléctrica, pescadores y marineros, consejeros, escritores de libros de ficción e infantiles, asesores de atención al cliente, videntes y médiums, hosteleros (también de tierra), productores y vendedores de alcohol, lavanderos, limpiadores, basureros, fontaneros, monitores de natación y mantenimiento de piscinas, vidrieros y cristaleros, y también sacerdotes.

CUALIDADES QUE APORTA AL LUGAR DE TRABAJO: comprensión intuitiva, empatía y simpatía por los demás, capacidad de negociación y pacificación, imaginación, habilidad para trabajar con los demás, buen humor del tipo amable, gran capacidad para anticipar las necesidades que presenta una situación concreta, y prever también los pensamientos de otras personas, apertura a nuevas ideas y opiniones, voluntad de respaldar a los demás, aceptación de las personas por lo que son y no por su estatus, y habilidad para trabajar en red.

CRISTALES: aguamarina, calcita, coral, fluorita, jade, kunzita, cuarzo lechoso, labradorita, ópalo, perla, selenita y turmalina.

EXCESO: volverse demasiado emocional en lo tocante a un asunto profesional, ser manipulador, tener favoritos, adoptar roles (por ejemplo, los de niña indefensa/hermana mayor/papá sabe más), tratar de llamar la atención de los demás, coquetear, constante necesidad de reafirmación/recibir elogios, socialización excesiva/síndrome de «eres mi mejor amigo», azuzar las rivalidades, celos y excesiva sensibilidad ante los consejos constructivos.

CONTRARRESTA: Aumento de fuego.

Cambiando la mezcla elemental

En ocasiones, será necesario modificar la mezcla. Los excesos elementales pueden producirse de manera bastante espontánea, en el lugar de trabajo y dar lugar con el tiempo a un número inusualmente elevado de ausencias relacionadas con el estrés, al desarrollo de bandos, o incluso a dimisiones y malestar.

REPARAR LOS DESEQUILIBRIOS

Si tu oficina parece encontrarse desequilibrada (por ejemplo, todo el mundo está irritable de una manera absurda), utiliza algunos de los cristales equilibrantes enumerados en la sección anterior para corregir de manera sutil el equilibrio. Uno o dos de los elementos equilibradores necesarios son suficientes cuando se añaden a tu plato de cristal. Guarda un juego de uno o dos de cada tipo de cristal elemental en un cajón o armario, para así sustituir cualquier cristal de los presentes en el plato, según sea necesario. De manera instintiva, sabrás cuántos debes añadir para reequilibrar.

También puedes remojar un cristal elemental en agua durante unas horas y utilizar el agua infusionada con el cristal para hacer zumo, té o café para la gente que te rodea.

Ten a mano una botellita de agua equilibradora para beber o salpicar los lugares clave. Las botellas viejas de agua mineral son ideales para este cometido.

CRISTALES PARA AYUDAR A LOS AUTÓNOMOS

Si tiene una tienda, un almacén o un negocio de hostelería, atrae a los clientes hasta el interior de tu empresa colocando dos cristales de cuarzo transparente y puntiagudos, ocultos a ambos lados de la puerta o el portal, apuntando ligeramente hacia dentro, y luego utiliza más parejas iguales a intervalos regulares, siempre ocultos y apuntando hacia dentro, para marcar un camino invisible de energía que guíe a la gente hacia el interior y los alrededores de tu local. En una tienda, coloca dos cristales puntiagudos ocultos, también apuntando hacia dentro, en las dos esquinas delanteras del escaparate. Imagina cómo pasaría un cliente por delante de los expositores o hacia las mesas individuales para comer, deteniéndose finalmente en la caja registradora, y utiliza los cristales ocultos para dirigir sus pasos y su atención.

Coloca cristales adicionales a ambos lados del camino invisible, apuntando hacia los expositores en concreto en los que desees que los clientes hagan una pausa y continúen luego hasta la caja registradora.

Mantén un plato de cuarzo ahumado cerca de los equipos de seguridad, como por ejemplo un extintor, para proteger los locales de trabajo de incendios, inundaciones, ciclones, terremotos y mala fe, así como de competidores e intrusos sin escrúpulos, y también para proteger tus ordenadores de los ataques de virus.

Coloca uno en la guantera de tu vehículo de empresa para protegerte de robos y de averías mecánicas, y para que guarde al conductor de perder los estribos cuando está en carretera.

Guarda un citrino amarillo brillante, el llamado *piedra del comerciante*, en una caja registradora y si, tienes un nuevo negocio, exhibe el primer billete de dólar que ganes.

CRISTALES QUE SON ESPECIALMENTE BUENOS PARA ATRAER OPORTUNIDADES EN EL LUGAR DE TRABAJO

El ágata listada es buena para restablecer la estabilidad financiera tras haber sufrido pérdidas, para conseguir préstamos bancarios y para conseguir estabilidad en un lugar de trabajo donde los puestos de trabajo están amenazados. La amazonita verde es útil para las mujeres que inician un negocio o desean tener éxito en profesiones dominadas por los hombres. La calcopirita dorada puede ayudar a iniciar un segundo negocio o a ampliar un negocio ya existente; también se utiliza para conseguir un ascenso cuando se desarrolla una carrera profesional a largo plazo. La crisoprasa verde ayudará a encontrar un primer empleo y a obtener trabajo en circunstancias adversas. El citrino amarillo aporta un rápido éxito comercial, sobre todo mediante la especulación financiera y te encarrilará para conseguir el trabajo adecuado. La fluorita púrpura reduce la presión innecesaria, que se sufre en el puesto de trabajo, para quedarse hasta tarde y llevarse trabajo a casa. El diamante Herkimer es útil para aspirar a lo más alto, para ser un líder y ganar dinero a través de los planes de acciones de la empresa. Utiliza el azabache negro para superar problemas causados por las deudas de la empresa, conseguir un aumento de sueldo que se demora, desarrollar una segunda carrera tras la jubilación y encontrar el local comercial adecuado. El lapislázuli puede facilitar el éxito en entrevistas y exámenes. Es bueno para carreras profesionales que impliquen viajar, y para organizar funciones, conferencias, reuniones y seminarios. La piedra lunar cremosa es benéfica para los trabajadores que realizan turnos y también de aquellos cuyos empleos les obligan a viajes constantes y horarios irregulares, así como de los trabajadores discapacitados. Las ágatas musgosas verdes y azules, así como el ágata arbórea, ayudan a las empresas familiares y a las compañías de Internet y se utilizan para ayudar en formaciones que puede alargarse durante años. Utiliza el cuarzo rutilado para cambiar de carrera con éxito, para encontrar trabajo tras un despido y para un cambio de carrera con un enfoque más espiritual o creativo. Los trabajadores de edad avanzada pueden llevar cuarzo rutilado para adaptarse a los cambios, sobre todo a las nuevas tecnologías.

CINCO CRISTALES PARA EL LUGAR DE TRABAJO QUE DEBES AÑADIR A TU COLECCIÓN

Estos son mis cinco cristales favoritos para aportar armonía en la oficina y éxito profesional, por si deseas añadirlos a tu colección.

1. Sangrita/Heliotropo

Es un cristal del Sol, un heliotropo verde oscuro con manchas rojas o naranjas y, a veces, marcas blancas, y es una piedra que aporta coraje para enfrentarse a personas y organizaciones que pretenden intimidarte, y resulta útil a los jóvenes que sufren acoso en las redes sociales. Sirve como protectora en un lugar de trabajo demasiado competitivo o si te presionan para que alcances objetivos poco realistas. Guarda un heliotropo en un bote de cristal con monedas sueltas, en un lugar donde le dé la luz natural, para así atraer el dinero a tu casa o negocio. Da suerte en competiciones deportivas o partidos, tanto si compites como si apuestas; ayuda a las madres humanas y animales a vincularse con sus hijos tras partos traumáticos.

Como cristal del día, la sangrita te indica que debes mantenerte firme y persistir educadamente hasta conseguir lo que quieres, por grandes que sean las probabilidades en tu contra.

2. Crisoprasa verde

Esta piedra de Venus, verde manzana o verde menta, es un cristal de fertilidad, especialmente si un segundo bebé tarda en llegar, después de haber tenido el primero. Insufla vitalidad a una relación después de un revés importante, una traición o una interferencia externa. Frota una sobre el sobre de cualquier solicitud o carta que envíes, en lo tocante a empleo, dinero o nuevos negocios; sostén uno sobre el ratón del ordenador antes de solicitar por Internet un nuevo empleo o financiación empresarial.

Como cristal del día, la crisoprasa te avisa de que una nueva oportunidad, cuando menos te lo esperas, y procedente de la fuente que menos imaginabas, podría sacarte de un atolladero y abrirte nuevas perspectivas de futuro.

3. Fluorita

La fluorita púrpura, que es una piedra de Neptuno, es un cristal calmante natural, reductor del estrés, y focalizador para que los sueños y las ideas puedan llevarse a cabo, de forma práctica, en el lugar de trabajo; contiene a los adultos y los niños hiperactivos, de forma que puedan alcanzar sus objetivos de forma sistemática y ayuda a los adictos al trabajo a evitar el agotamiento. Es bueno para las empresas espirituales, como son las de los terapeutas y sanadores que viven de sus habilidades. Eleva el nivel ético y espiritual en un lugar de trabajo muy comercial, competitivo, o sumamente materialista. Para los niños y adultos que no se sienten a gusto por cómo la gente valora sus singularidades, la fluorita resulta una piedra excepcionalmente útil.

Como cristal del día, la fluorita púrpura te avisa de que, aunque lo que quieras puede no parecer la opción más viable económicamente, no por eso debes renunciar a tus principios.

4. Lapislázuli

El lapislázuli azul y dorado es la piedra del sabio Júpiter. En el hogar el lapislázuli fomenta la lealtad familiar. El lapislázuli inspira la confianza de los demás, especialmente cuando tienes que sustituir a un superior. Ayuda al progreso profesional constante y es el mejor cristal para los niños superdotados, así como los que padecen trastornos tipo autismo o Asperger; es una piedra asociada con la acumulación de riqueza y propiedades, y con alcanzar el estrellato a través de las artes escénicas o creativas. Utiliza esta piedra cuando busques justicia a través de los cauces establecidos.

Como cristal del día, el lapislázuli te avisa de que te pueden pedir que tomes la iniciativa, o de que puede que tengas la oportunidad de impulsar tus ambiciones. Te ayuda a estar por encima de mezquindades y de intentos de doble juego.

5. Obsidiana

Como piedra de Marte, la obsidiana volcánica negra ayuda a que todo vaya sobre ruedas, desde organizar la fiesta de la empresa hasta llevar a cabo un proyecto multimillonario. Protege contra los que se aprovechan de la gente y contra los estafadores; úsala como defensa enconada contra personas agresivas o para luchar por obtener una indemnización de una gran corporación u organismo gubernamental.

Como cristal del día, la obsidiana te indica que tienes más poder del que crees que puedes utilizar, si no temes desafiar a un statu quo anticuado.

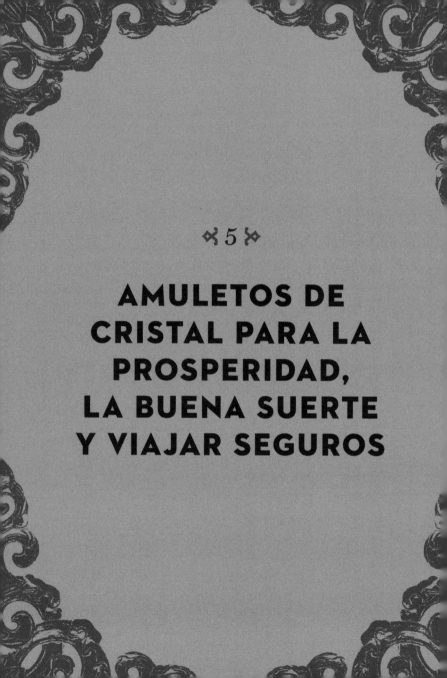

5

AMULETOS DE CRISTAL PARA LA PROSPERIDAD, LA BUENA SUERTE Y VIAJAR SEGUROS

EN LOS PRÓXIMOS CAPÍTULOS, PODRÁS CARGAR DE PODER tus cristales para múltiples propósitos, entre los que se encuentran el amor, la fertilidad y la trayectoria profesional. Estos son los conocidos como *amuletos*, que son símbolos que almacenan poder y/o protección, que a su vez pueden liberarse a lo largo de varias semanas o incluso meses y años.

Talismán es el término que se utiliza cuando se potencia un cristal para un fin y un plazo concretos (por ejemplo, para estudiar con éxito y aprobar unos exámenes determinados dentro de seis semanas).

Una bolsa de amuletos es una colección de cristales que se guardan en una bolsa cerrada con cordón, y cuyos poderes y significados individuales se combinan para crear un foco continuo, dirigido al logro de cualquier propósito positivo.

POTENCIA TUS CRISTALES COMO AMULETOS Y TALISMANES

Selecciona el cristal o los cristales que mejor se adapten a tus necesidades, de entre los que aparecen en los distintos capítulos. Enciende una varilla de incienso, por ejemplo, de lavanda, rosa, o incienso, y traza con ella, en el aire, a unos centímetros por encima de tus cristales, tus necesidades específicas y cualquier plazo de tiempo que decidas, utilizando la varilla de incienso como si fuera un bolígrafo de humo. Enuncia las palabras en voz alta mientras las escribes. Esto imprime tus palabras en el éter, el espacio mágico en el que los deseos pueden transformarse en realidad. Tocando el cristal o la bolsa de amuletos y pronunciando las palabras mentalmente en los días venideros, podrás liberar los poderes en tu esfera vital, en cualquier momento.

Si el asunto es algo continuo, una vez al mes, en la noche de luna llena, deja los cristales en el alféizar interior de una ventana, toda la noche, para que recojan las energías de la luna llena. Más adelante, en este capítulo, describo cómo puedes combinar diferentes cristales en una bolsa de amuletos para mezclar y combinar la protección y los poderes que más necesites.

CRISTALES DE VIAJE

Viajar es uno de los principales motivos para los que podemos necesitar un amuleto o ensalmo, de cristal protector, y los siguientes cristales son especialmente eficaces para ello.

Kunzita y sugilita

La kunzita púrpura y la sugilita densa, púrpura y negra, que son propicias para el conductor y el viajero, guardadas en la guantera del coche, pueden enojarnos en la carretera, el estrés del tráfico lento, los accidentes y el cansancio excesivo, propio de los viajes largos; también pueden calmar a los pasajeros difíciles y reducir el mareo.

Sodalita

La sodalita azul oscuro y blanca ayuda a vencer el miedo a volar. Añade una piedra pequeña de sodalita a una botella de agua que uses para beber o salpícala en la zona donde tomas el pulso, durante el despegue y el aterrizaje, y también cuando paséis por turbulencias.

Como alternativa, lleva una a modo de colgante y tócala cuando te asustes.

Cuarzo ahumado

Lleva contigo un cuarzo ahumado marrón o gris cuando viajes solo, a altas horas de la noche, o en una zona concurrida y potencialmente peligrosa. Inhala el gris brumoso y exhala tu miedo en forma de luz roja opaca para que actúe a manera de escudo y te confiera un perfil bajo, de modo que seas menos visible a la hostilidad.

Turquesa

La turquesa o su prima más barata, la howlita azulada, cubre todas las posibles eventualidades de un viaje, protegiendo a los aventureros de cualquier edad, evitando que cojan parásitos e infecciones en países donde la higiene es deficiente, impidiendo también que las mascotas y los niños pequeños se extravíen durante el viaje, y que los niños se hagan daño, así como evitar que los viajeros incumplan las leyes y costumbres locales.

Especialmente bueno para viajar seguro y feliz

La amazonita verde es la mejor para irse de vacaciones de aventura, acampar o visitar lugares peligrosos del mundo; también se utiliza para desplazarse en bicicleta al trabajo. La aguamarina azul o verde clara resulta útil para los viajes por mar, los cruceros y los viajes de larga distancia. La aventurina azul ayuda a evitar interrupciones en los viajes, así como la pérdida de equipaje, pasaportes y dinero. El ojo de halcón (ojo de tigre azul) o cualquier cristal de ojo de gato evita perderse conduciendo, sobre todo de noche, o que te estafen cuando estás de vacaciones; y mantiene a salvo a los mochileros o estudiantes que deambulan de año sabático. El jade verde previene las enfermedades en vacaciones, para los que viajan en solitario y la gente mayor. Las piedras lunares azules o amarillas evitan el *jet lag* al cruzar husos horarios. El ojo de tigre rojo protege de borrachos o drogadictos, sobre todo en trenes y autobuses nocturnos. La piedra del sol naranja dorada es buena para unas vacaciones felices, conseguir recursos para poder viajar y desplazarse con éxito al extranjero.

CRISTALES DE LA PROSPERIDAD

Para atraer dinero a tu vida, sobre todo si tienes preocupaciones económicas, pon en tu mesa del cristal un plato con cristales de cuarzo transparente mezclados con citrino (siete en total: cuatro de citrino amarillo y tres de cuarzo transparente). Coloca el plato en un lugar donde la luz de las velas ilumine los cristales y enciende una vela amarilla junto al mismo semanalmente; sostén el plato de cristal a la luz de las velas y di siete veces: «Oro y plata no tengo. A mi vida llega la buena fortuna, y rápidamente, hasta que las finanzas mejoren».

Ojo de tigre dorado

El ojo de tigre aporta recursos, tanto de forma gradual como imprevistos, que se necesitan con urgencia, y detiene también la fuga de recursos. Utiliza el ojo de tigre para iniciar y mantener un fondo monetario continuo que garantice que los recursos sigan fluyendo hacia tu hogar a largo plazo y sirvan el ahorro.

Coloca un ojo de tigre en una pequeña maceta de cerámica, del tamaño de un azucarero, con tapa. Añade cada día una moneda de color dorado o plateado; guarda la maceta en un lugar cálido para así incubar simbólicamente la riqueza. Cuando la maceta esté llena, ingresa el dinero en una cuenta de ahorros; deja el ojo de tigre en la maceta mientras vuelves a acumular monedas.

Ojos de gato

El ojo de gato amarillo o verdoso resulta increíblemente propicio para las cuestiones económicas, además de proteger contra la malicia y la envidia. La gente suele llevar el mismo ojo de gato durante años para que vaya ganando en fuerza y buena fortuna; tradicionalmente, se compra o encarga los miércoles, jueves o viernes.

Especialmente buenos para atraer la prosperidad

La amatista reduce la tendencia a gastar en exceso, a jugar de forma adictiva y a hacer inversiones imprudentes. La calcopirita de oro pulido aporta una gran inyección de dinero a través de la venta de tesoros que encuentres en mercados, ventas de garaje o en tu desván. La calcopirita dorada atrae dinero inesperado a través de una bonificación, un descuento o un regalo. La pirita de hierro plateada aporta una sólida ventaja financiera, disuade al usuario de tomar decisiones financieras imprudentes y es un reductor natural de las deudas. Las perlas simbolizan la prosperidad a partir de pequeños comienzos. Empieza con una sola perla y, cada vez que tengas un pequeño éxito, añádela a tu colección de perlas, para aumentar así las energías. Un pequeño peridoto verde en el bolso, o en la cartera, junto con las tarjetas de crédito, atraerá el dinero, y uno al lado del teléfono móvil, el iPad y el ordenador disuadirá a carteristas y atracadores.

CRISTALES PARA LA BUENA SUERTE

Puede que ya tengas en tu poder una joya especialmente venturosa, a la que puedes potenciar semanalmente para aumentar su capacidad de atraer la suerte. Cuanto más la lleves encima, más fuertes serán sus energías.

Tu propio cristal zodiacal, o del signo en que naciste, es especialmente venturoso para ti, y los he enumerado en el capítulo 8, dedicado a los cristales personales.

Si has pasado por una racha de mala suerte, enciende una vela de color oscuro y otra blanca. Coloca el cristal, ya sea uno de los que te ofrezco en la siguiente lista o uno personal, delante de la vela blanca. Espolvorea una pizca de pimienta sobre la llama de la vela oscura y di: «Que se aleje el infortunio». Espolvorea sal sobre la llama de la vela blanca y di: «Arde con fuerza e ilumina el camino hacia la buena fortuna». Apaga la vela oscura y deja que arda la blanca.

Cuarzo turmalinado

El cuarzo turmalinado, que es un cuarzo transparente, con hebras de cristal negro en su interior, transforma la mala suerte en buena, en general, y puede utilizarse en la potenciación mencionada con anterioridad. El cuarzo turmalinado debe llevarse en un bolso blanco cuando se necesite buena suerte.

Cristales arcoíris

Cualquier cristal con el brillo del arcoíris, como por ejemplo la obsidiana arcoíris negra o el cuarzo transparente que refleje el arcoíris en su interior, es un cristal de los deseos. La obsidiana arcoíris cambia la mala suerte profesional o en los negocios.

Sostén cinco piedras talladas en tus manos cerradas en forma de copa, agítalas vigorosamente cinco veces, lánzalas y recógelas, diciendo: «Que se vaya la mala suerte».

El cuarzo arcoíris promete felicidad y el restablecimiento o aumento de la suerte en aquello que más necesites; exponlo a la luz para que se reflejen los arcoíris y pide un deseo.

Portadores de la buena suerte especialmente poderosos

La sangrita roja y verde es la mejor para cualquier competición deportiva, entrenamiento o partido; guárdala en tu bolsa de deporte o llévala cosida en el forro de alguna prenda de la suerte. La piedra de oro azul oscuro, con motas doradas, que es la piedra de todos los artistas y creadores, nos brinda un golpe de suerte o un buen contrato; toca tu piedra de oro azul bajo las estrellas y visualiza cómo se materializa tu gran oportunidad. La piedra de oro broncínea es un amuleto de la suerte útil para las competiciones, los juegos de azar y la lotería; usa la misma piedra de oro o joyas de piedra de oro mientras se acumulan sus poderes. El jade verde revierte la mala suerte, ya sea en el amor, el dinero o la carrera, tras una racha de accidentes o enfermedades. El jaspe verde brinda la merecida compensación tras un trato injusto. El cuarzo ahumado protege contra la desgracia causada por los malos deseos de los demás, las maldiciones y los maleficios. La estaurolita, que es una piedra gris o negra, con una cruz de brazos iguales incrustada, es un protector tradicional de la suerte (la llevaba el expresidente estadounidense Theodore Roosevelt). La piedra del sol amarilla llevada en conjunto con una piedra lunar garantiza buena suerte y protección contra la desgracia, de día y de noche.

CONFECCIÓN DE UNA BOLSA DE CRISTALES

Las bolsas con amuletos, que contengan tres, cinco o siete cristales, que pueden ser el mismo cristal para garantizarnos un poder extra, o una combinación de cristales diferentes, ofrecen una buena suerte continuada, así como contra la mala suerte. Utiliza para ello una bolsita de tela con cordón o un monedero.

El verde es el color de la suerte, pero también puedes hacer bolsas con amuletos para la prosperidad (amarillo para resultados rápidos y azul para obtener una riqueza más lenta y duradera), para los viajes (verde), para el amor (rosa o verde) y para la fertilidad (naranja). Consulta los significados de los colores en la Introducción. Algunas mezclas de cristales son tradicionales en las bolsas de amuletos. Sin embargo, puedes utilizar cualquier combinación de cristales para fines específicos.

Tres pequeñas amazonitas verdes y blancas, junto con tres aventurinas verdes, en un pequeño monedero verde o bolsa con cordón atraen la buena suerte en cualquier juego de azar, participación en loterías, concursos o cualquier clase de apuestas. Guarda los cristales con los billetes o las participaciones en concursos.

Haz una bolsa de amuleto de la suerte con tres amazonitas, un poco de albahaca seca y menta. Deja la bolsa delante de una vela turquesa hasta que esta última se consuma. Guarda la bolsa cerca del ordenador para las solicitudes de lotería o concursos en línea, y para tener suerte en las citas online.

Guarda siete olivinas verde oliva, o su gema hermana, el peridoto verde botella, que es más oscura y brillante, en una bolsa de amuletos verde para garantizarte prosperidad continua y asegurarte de que nunca te engañen.

Lleva cinco ojos de tigre en una bolsita dorada o amarilla cuando negocies con acciones, estés pensando en invertir en propiedades o te reúnas con alguien que te ha hecho una oferta: toca la bolsita en tu bolsillo y sabrás si la oferta es buena o si resulta demasiado buena para ser verdad.

Creación de la bolsa

Enciende una vela del mismo color que la bolsa y coloca los cristales que hayas elegido en un plato, delante de la vela. Puedes combinar distintos cristales para crear una bolsa multiusos: por ejemplo, turquesa para obtener seguridad en los viajes diarios, jade para el amor duradero y la buena fortuna, un cristal arcoíris de los deseos para que tus sueños se hagan realidad, piedra de oro para la buena fortuna inesperada y cuarzo ahumado para protegerte de los malos deseos. Puedes hacer bolsas para todos los miembros de tu familia.

Si lo deseas, añade tu cristal zodiacal (ver página 116) o el de la persona a la que va destinada la bolsa. Mientras sostienes los cristales con las manos abiertas, a la luz de las velas, enuncia tres veces el propósito de la bolsa, así como para quién es y el plazo temporal, y di: «Que solo la bondad y la luz llenen estos cristales». Añade cada cristal a la bolsa por separado, enunciando el propósito específico de cada uno o, si son todos los mismos cristales, repitiendo el propósito de la bolsa.

Potenciar la bolsa

Cierra o ata la bolsa con tres nudos y colócala delante de la vela. Enciende dos varitas de incienso de cualquier fragancia floral o arbórea, en la llama de la vela. Tomando una varilla de incienso en cada mano y, la varilla de incienso que sostienes en la mano con la que escribes, muévela en el sentido de las agujas del reloj, y la otra varilla en sentido contrario a las agujas del reloj, a unos centímetros por encima de la bolsa, manteniendo un ritmo constante y suave sobre los cristales.

Cuando sientas que los cristales están llenos de energía, apaga la vela y deja el incienso en sus soportes para que se quemen a ambos lados de la bolsa.

Mantén el poder de tu bolsa

Una vez cerrada, no se debe abrir la bolsa. Si la bolsa es para otra persona, dásela lo antes posible, después de hacerla. Ponle el nombre de esa persona si no puedes dársela por cualquier motivo, y guárdala con una fotografía de dicha persona o incluso de una mascota suya. Además, puedes crear bolsitas de amuletos muy pequeñas para llevarlas en el bolso o en el bolsillo, o guardarlas en la guantera del coche; por ejemplo, una bolsa con una mezcla de kunzita y fluorita. O llevar, en el equipaje, una bolsa con una mescolanza de sodalita, calcedonia azul y ojo de tigre rojo. Lleva contigo tu bolsa en los momentos cruciales (por ejemplo, antes de una entrevista).

CINCO CRISTALES PARA AÑADIR A TU COLECCIÓN

Aquí tienes otros cinco cristales que he introducido en el presente capítulo. Tienes la opción de añadirlos a tu colección. No importa cuántos o cuán pocos cristales utilices para tu cristal del día; siempre se manifestarán las energías adecuadas.

1. Amazonita

La amazonita azul, verde o turquesa es la piedra de poder de la mujer y ayuda a las mujeres, especialmente a las que están solas, a maximizar su potencial, y a todas las mujeres a superar las relaciones intimidantes en casa o en el trabajo. La amazonita da suerte a hombres y mujeres que consiguen recompensas gracias a la suerte y a sus méritos.

Nueve pequeñas amazonitas en círculo, en tu puesto de trabajo, atraerán nuevos negocios y nuevos pedidos, si es que trabajas por cuenta propia, o te traerán ascensos e independencia si trabajas dentro de una organización. Es bueno para los negocios centrados en la mujer.

Como cristal del día, la amazonita te indica que podrás superar los prejuicios o injusticias actuales y obtener el respeto y la consideración que te mereces.

2. Piedra de oro azul

Esta hermosa piedra de cristal azul y dorado centelleante se asemeja a un cielo nocturno estrellado y nos indica que podemos lograr cualquier cosa gracias a nuestro propio esfuerzo, ya que esta piedra es un objeto hermoso creado por los seres humanos. La piedra de oro azul es la piedra de los actores, las actrices, de todos los artistas y de cualquiera que se dedique al teatro, la edición, el arte o los medios de comunicación y es indicada para alcanzar el estrellato. Es también el cristal de los trabajadores por turnos y de los que viajan de noche; la piedra de oro azul evita que repitamos viejos errores y patrones. Por encima de todo, la piedra de oro azul es una piedra de los deseos. Echa tu aliento sobre una piedra de oro o en una joya de piedra de oro, durante una noche estrellada, y susúrrale tu deseo.

Como cristal del día, la piedra de oro azul te dice que aproveches las oportunidades sin dudarlo, porque estás preparado para causar una gran impresión.

3. Piedra de oro

Versión original roja broncínea y dorada de esta piedra mágica, la piedra de oro reduce la timidez crónica que hace que socializar, comer o hablar delante de los demás sea doloroso. Como fuente de suerte y dinero, la piedra de oro te ayuda a ganarte la vida vendiendo tus talentos y tus creaciones. Es una piedra transformadora, útil para dar un giro a la vida, dejando de complacer a los demás o de tratar de encajar, y dedicándote a quererte a ti mismo tal como eres y por lo que eres.

Como cristal del día, la piedra de oro te dice que hay que relajarse, divertirse y no preocuparse por lo que los demás piensen de uno.

4. Piritas de hierro

Las piritas de hierro, plateadas metálicas y con agujeros naturales, como los cantos rodados son de lo más protectoras contra los fanáticos del control, las críticas injustas y la manipulación por parte de la pareja, los padres o el jefe. Mantén las piritas de hierro cerca del ordenador o del teléfono para filtrar los intentos de estafa. La piedra es un recordatorio para que no aceptes recompensas menores ni sigas el camino fácil. La pirita de hierro devuelve a quien los ha emitido los pensamientos negativos, y los ataques psíquicos, y mejora la memoria y la concentración.

Como cristal del día, las piritas de hierro nos advierten de que podemos recibir una ganga aparente o una oferta perfecta, y que hemos de comprobar de manera minuciosa si hay defectos o condiciones ocultas.

5. Piedra del sol

La piedra del sol, de color naranja dorado y con un brillo iridiscente, es la piedra de la felicidad pura, y genera entusiasmo si estás rodeado de gente negativa. Lleva la piedra del sol cuando empieces un nuevo entrenamiento deportivo o plan de ejercicios para obtener el ímpetu necesario para perseverar. Mantén la piedra del sol junto a tu ordenador si ofreces tus servicios en Internet o para aumentar los efectos positivos de tu perfil en una red social o sitio de citas. La piedra del sol reduce la dependencia excesiva de la aprobación de los demás.

Como cristal del día, la piedra del sol promete buenos tiempos venideros; disfruta del presente sin preocuparte de si la felicidad durará (que durará).

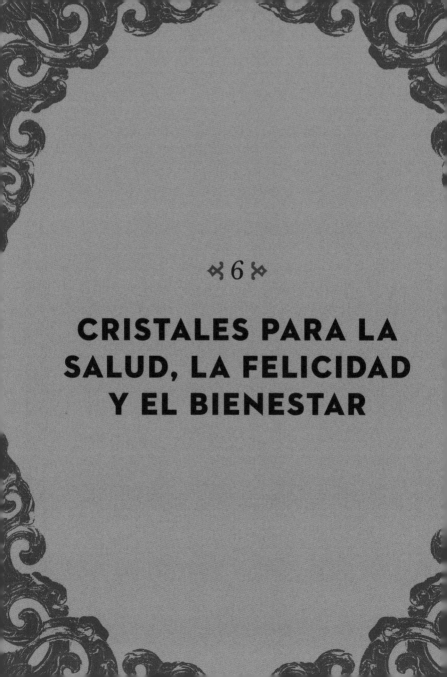

❖ 6 ❖

CRISTALES PARA LA SALUD, LA FELICIDAD Y EL BIENESTAR

UNA DE LAS FUNCIONES MÁS IMPORTANTES DE LOS cristales es su capacidad para crear y mantener de forma natural una sensación de salud, felicidad y bienestar en nuestras vidas.

UTILIZAR CRISTALES Y VELAS DE COLORES PARA INDUCIR UN SUEÑO TRANQUILO Y APACIBLE

Las velas del mismo color que un cristal amplifican sus efectos. Si te sientes estresado e incapaz de desconectar o relajarte, los cristales y las velas restauran tu arcoíris interior, para que pases el resto de la noche tranquilo y te vayas a la cama apaciblemente adormilado.

En tu mesa de cristales, crea un círculo con cristales de los principales colores del arcoíris: rojo, naranja, amarillo, verde, azul y morado. En el centro de ese círculo, coloca un cristal blanco transparente más grande. Detrás de cada cristal, enciende una vela pequeña del mismo color. Siéntate cómodamente frente al arcoíris. Visualiza los rayos de colores de los distintos cristales y velas, así como el rayo central de cristal blanco, convirtiéndose en una rueda de luz que gira lentamente y se desplaza para rodearte y encerrarte por encima, dentro de una burbuja arcoíris. Mientras inhalas lentamente por la nariz y exhalas por la boca, has de visualizar cómo los colores del arcoíris se funden en luz blanca y dorada, y entran en tu cuerpo, subiendo desde tus pies y, al mismo tiempo, vertiéndose desde arriba, a tu alrededor, de modo que tu burbuja ahora sea blanca y dorada. Cierra los ojos y siente el cálido cosquilleo del blanco y el dorado, diciendo mentalmente o en voz baja una y otra vez: «Soy luz pura». Poco a poco volverás a conectar con tu respiración. Cuando estés preparado, abre los ojos y deja pasar algo de tiempo antes de dormir, escuchando música tranquila. Algunas personas utilizan música relajante también durante todo el proceso.

DISEÑOS O ENTRAMADOS DE CRISTALES PARA EL BIENESTAR

Puedes crear un diseño de cristales alrededor de ti mismo o de tu cama, de tu silla o de una habitación; alrededor de la comida, la bebida o los utensilios; alrededor de tu ordenador o de tus herramientas de trabajo; o alrededor de la fotografía de una persona o de un lugar donde necesites paz. Vuelve a leer los capítulos anteriores para ver las muchas maneras diferentes en las que se pueden utilizar las disposiciones de cristales. El único límite está en tu ingenio e imaginación.

Utiliza, para empezar, un conjunto de nueve pequeños cuarzos rosas o amatistas púrpuras, para aportar calma y equilibrio y también un segundo conjunto de cuarzos claros o citrinos amarillos más cálidos para energizar. Cuando pase algo de tiempo, compra nueve cristales de color rojo, naranja, amarillo, verde, azul, morado, rosa, marrón, gris y negro. Puedes mezclarlos y combinarlos en tus diseños o entramados de cristales.

UN MÉTODO ALTERNATIVO PARA FABRICAR AGUAS DE CRISTALES

Si quieres una lista detallada de los cristales que se pueden sumergir directamente en agua, consulta mis libros *The Complete Crystal Handbook* o *The New Crystal Bible*.

EVITA REMOJAR DIRECTAMENTE LOS SIGUIENTES CRISTALES: azurita, cinabrio, cobre en cualquiera de sus formas, crocoítas, todo lo que contenga eritirita o fucsita, halita, lapislázuli, malaquita, meteorito, selenita, turquesa o vandanita.

Este segundo método que te expongo, para crear elixir espiritual, es tan eficaz como el del poner los cristales en remojo. Llena, hasta la mitad, un recipiente grande de cristal con agua, y haz flotar en él un recipiente pequeño de cristal pesado y abierto en su centro o uno pequeño, de cristal también, pero cerrado (por ejemplo, un tarro viejo de maquillaje con tapa de rosca). Sujeta cada cristal por turno, añadiendo uno a uno al recipiente flotante más pequeño, indicando el propósito para el que estás haciendo el elixir. Deja el recipiente cerca de una ventana que reciba mucha luz durante veinticuatro horas. Llena las botellas con el agua del recipiente pequeño y esa ya estará lista para usarse.

Cómo emplear las aguas de cristales

Añade agua de cristales a los baños, moja un paño con agua de cristales o añade la misma al champú o al gel de ducha, en la ducha. Rocía con el elixir de cristales en las raíces del cabello, las cejas, la garganta y la parte interior de las muñecas (cornalina, ámbar o fluorita transparente son los mejores cristales para esto) para refrescarte a lo largo del día si te sientes cansado, presionado o aletargado.

Masajea con el elixir las extremidades o articulaciones doloridas (aragonito naranja o amarillo) o en el entrecejo y las sienes, para aliviar el dolor de cabeza (cuarzo rosa) y ágata de encaje azul o aguamarina en la base de la garganta, para así expresar tus ideas y sentimientos con claridad, pero sin ser conflictivo. Utiliza el elixir para lucir un cabello brillante y sano (piedra lunar) y en enjuagues bucales para refrescar tu aliento (citrino o crisoprasa).

Prepara té, café o bebidas frías para todos los presentes, utilizando solo unas gotas de cualquier agua infusionada con cristales azules o verdes, si ocurre que las tensiones o los ánimos se caldean en casa o en el trabajo.

Para reducir el estrés provocado por el trabajo y el insomnio, prepara bebidas para dormir con fluorita púrpura o agua de jade.

Pulveriza agua, infusionada con cristales de cuarzo ahumado o rutilado, por tu casa o puesto de trabajo, para así protegerte del sarcasmo, los chismes, el rencor o el acoso (con amazonita si eres mujer).

Añade elixir al ciclo de aclarado de la lavadora para infundir energía (crisoprasa) o buena suerte (aventurina verde) a la ropa que tu familia o tú mismo vais a llevar al día siguiente. Utiliza cualquier elixir de piedras azules o amarillas para ayudar a la memoria o la concentración, o para crear una buena impresión. También puede salpicar algunas gotas sobre las prendas antes de plancharlas.

Si estás a dieta o intentando dejar de fumar, bebe agua de amatista o ametrina a lo largo del día, para reducir el antojo, o elixir de piedra lunar menguante para ayudarte a perder peso y a disminuir las ansiedades relacionadas con la comida.

Para la fertilidad, masajea tu útero con agua de piedra lunar, antes de hacer el amor y a lo largo de las tres noches anteriores a la noche de luna llena, así como durante esta.

Añade aguas de cristal protectoras y energizantes (aguamarina y jaspe amarillo mezclados) al lavar un coche o una moto, y difunde una mezcla protectora y otra calmante (cuarzo rosa y jade) sobre los equipos deportivos de los niños, las bicicletas y los columpios y trepadoras para evitar tanto peleas como accidentes.

Bendice un nuevo hogar, lugar de trabajo o vehículo con angelita, crisocola y aventurina, mezcladas en un elixir de cristales.

Rocía agua de cristal, de elixir de obsidiana arcoíris o copo de nieve alrededor o sobre cualquier objeto que hayas comprado o te hayan regalado, especialmente si ya lo poseían anteriormente otras personas, o es de origen desconocido.

Llena una botella pulverizadora con una mezcla de jade, ágata blue lace o cuarzo fresa y elixir de cristal de cuarzo rosa para iluminar el ambiente de una habitación o difundir una sensación de bienestar antes de una reunión o después de una pelea.

Ponte agua de cuarzo rosa o de esmeralda en tus muñecas y zonas donde tomas el pulso, para atraer o aumentar el amor.

CINCO CRISTALES PARA AÑADIR A TU COLECCIÓN

Estos son cinco cristales adicionales que resultan especialmente beneficiosos en cuestiones de salud y bienestar, y que tienes la opción de añadir a tu cada vez mayor colección de cristales.

1. Ametrina

Esta mezcla natural de amatista púrpura y citrino amarillo brillante, regida por Mercurio, es el cristal del equilibrio y, como tal, es ideal para joyería o usado como amuleto, si determinadas personas a su alrededor se muestran demasiado emocionales o cambiantes. Como cristal del negociador, la ametrina, rompe barreras entre dos puntos de vista radicalmente diferentes y facilita la vuelta al trabajo tras un descanso.

Como cristal del día, la ametrina te indica que lograrás unir a dos facciones enfrentadas y te hará la vida más fácil.

2. Cuarzo limón

Este cristal transparente, de color amarillo limón, regido por Mercurio, es el desintoxicante definitivo, tanto física como emocionalmente. Atrae la buena fortuna, así como nuevas personas e intereses para tu vida, repele el rencor y las palabras malignas, si tienes que tratarte con una persona celosa o maliciosa con regularidad, y rompe el dominio de una persona manipuladora o de alguien que juega con la mente de los demás.

Como cristal del día, el cuarzo limón aconseja mantenerse al margen de una discusión entre amigos o familiares, ya que puedes acabar siendo tú el acusado, en un giro repentino de los que estaban enfrentados.

3. Obsidiana copo de nieve

Esta obsidiana negra, con motas blancas o pequeñas máculas en forma de flores blancas, regida por Saturno y Marte, nos hace valorarnos por lo que somos en el presente, en lugar de intentar encajar en imposibles ideales de perfección. Entierra la obsidiana copo de nieve delante de la puerta principal para evitar desgracias causadas por la pérdida de dinero, enfermedad o amor; libera de forma positiva la ira o el resentimiento contenidos, para hacer progresar tanto las relaciones como a uno mismo.

Como cristal del día, la obsidiana copo de nieve te avisa de que puede que descubras que alguien que no te gustaba, o en quien no confiabas, sí es de fiar; expone antiguos puntos de fricción desde una perspectiva nueva.

4. Rodocrosita

Cristal rosado, con bandas blancas o de un rosa más pálido, y regida por Venus, la rodocrosita aporta movimiento tras un periodo de estancamiento o duda, y regenera el entusiasmo y los propósitos; es útil para los niños que empiezan en la guardería, la escuela o la universidad; para que encuentren amigos fácilmente y se adapten. La rodocrosita, que un cristal que responde a lo que se le pide, puede ayudar a encontrar a un amante perdido, a un amigo, a un familiar con el que se ha roto todo contacto o a una mascota desaparecida.

Como cristal del día, la rodocrosita te invita a que abras tu corazón a la posibilidad del amor y la amistad, y puede que descubras que esta estuvo próxima a ti todo el tiempo; elige viejos amigos valiosos en lugar de atractivos nuevos conocidos.

5. Rubí en zoisita

El rubí verde, y de rosa oscuro a rojo, en zoisita, regido por Venus y Marte, combina la pasión por cualquier cosa o persona con las energías de crecimiento práctico y gradual de la tierra. Es bueno para las parejas del mismo sexo y las cuestiones de género, puesto que el rubí en zoisita ayuda a restaurar la pasión en una relación si uno de los miembros de la pareja tiene dificultades sexuales o está planteándose infidelidad. Asimismo, resulta práctico en el lugar de trabajo, para cumplir los plazos y evitar que se desaten pasiones imprudentes, en el seno de relaciones armoniosas entre hombres y mujeres.

Como cristal del día, el rubí en la zoisita te advierte de que puede que necesites conciliar tu deseo de conseguir resultados inmediatos con seguir el camino más seguro, pero más aburrido, de esperar y ver qué ocurre.

❖ 7 ❖

ENVIAR SANACIÓN A TRAVÉS DE LOS CRISTALES

LOS CRISTALES SE HAN UTILIZADO EN CURACIONES DESDE el tiempo de los antiguos egipcios. Aunque no pretenden sustituir a la medicina convencional, los cristales activan nuestro sistema inmunitario y de autocuración y potencian los efectos positivos de los tratamientos convencionales.

SANACIÓN MEDIANTE TU COLECCIÓN PERSONAL DE CRISTALES

Tu colección personal de doce cristales es ideal para la curación, puesto que ya habrás establecido una fuerte conexión espiritual con sus energías.

Antes de utilizar cristales para la sanación, pide que los arcángeles sanadores, Rafael, Uriel, Zedekiel y Gabriel, envíen sus bendiciones a través de los cristales de la manera y en el momento adecuados para todos.

Acto seguido, lava los cristales con agua corriente o echa sobre ellos el humo de una varilla de incienso floral o arbóreo, dando las gracias a los ángeles.

La siguiente lista te ofrece el significado curativo de los diferentes colores. Si lo deseas, puedes crear un segundo grupo extra de cristales para la curación. Guárdalos en un cuenco especial, de cristal o cerámica.

Elige un cristal en todos los colores principales de la lista y dos en el caso del blanco: uno brillante y otro con energías más suaves. Algunas afecciones responden a más de un color.

Blanco centelleante

PODERES CURATIVOS: curación de todo el cuerpo; salud general; integración de mente, cuerpo y alma; cerebro; trastornos neurológicos; sistema autoinmunitario; también alivio del dolor agudo.

GEMAS Y CRISTALES: aragonito, cuarzo cristalino claro, fluorita clara, diamante, diamante Herkimer, ópalo aura, cuarzo arcoíris, zafiro blanco, topacio blanco y circón.

Blanco Nublado

PODERES CURATIVOS: trastornos hormonales, problemas de mama o útero, fertilidad, embarazo, parto y equilibrio de líquidos de la madre y el bebé, recuperación gradual de enfermedades, depresión o agotamiento, y trastornos de la médula ósea y de los glóbulos blancos.

GEMAS Y CRISTALES: calcita, howlita, ópalo lechoso, cuarzo lechoso, piedra lunar, perla, selenita y cuarzo nieve.

Rojo

SANACIÓN: estimula todo el sistema, la energía, la fuerza, eleva la presión arterial baja, mejora la circulación, el crecimiento celular, las dolencias de la sangre (especialmente la anemia), la reproducción y la fertilidad, los pies, las manos, el esqueleto, la espalda, el útero, el pene, la vagina y la impotencia.

GEMAS Y CRISTALES: ágata de sangre, sangrita/heliotropo, ópalo de fuego, granate, jaspe, ojo de tigre rojo y rubí.

Naranja

SANACIÓN: ovarios, intestino delgado, bazo, vesícula biliar y bilis (también amarilla), riñones, celiaquía, menstruación y menopausia, artritis y reumatismo, problemas relacionados con el peso y la alimentación, y sistema inmunitario.

GEMAS Y CRISTALES: ámbar, aragonito, berilo, calcita, cornalina, celestina, jaspe, mokaita y piedra del sol.

Amarillo

SANACIÓN: estómago e hígado, alergias alimentarias, digestión, sistema linfático, metabolismo, azúcar en la sangre, memoria y concentración, agotamiento nervioso, tabaquismo, ictericia y problemas de eczema y piel, estimula el sistema nervioso.

GEMAS Y CRISTALES: calcita (calcita amarilla y miel), crisoberilo, citrino, jaspe, crisoprasa limón, cuarzo rutilado y topacio.

Verde

SANACIÓN: corazón; pulmones; sistema respiratorio; úlceras; infecciones y virus, especialmente gripe, bronquitis, neumonía, fiebres y resfriados; ataques de pánico; adicciones; asma; también fiebre del heno y alergias transmitidas por el aire.

GEMAS Y CRISTALES: amazonita, aventurina, crisoprasa, esmeralda, fluorita, jade, malaquita, ágata musgosa y turmalina.

Azul

SANACIÓN: glándula tiroides, garganta, fiebres, inflamación de la piel y la boca, dientes, erupciones infantiles, tumores, cortes, hematomas y quemaduras, alivio del dolor, disminuye la presión arterial y el pulso, ojos, oídos, migrañas y dolores de cabeza, diabetes, dificultades de comunicación (especialmente en casos de autismo, Tourette y Asperger) y también trastornos del habla.

GEMAS Y CRISTALES: angelita, aura aqua, calcedonia azul, ágata de encaje azul, cuarzo azul, celestita, aura cobalto, iolita, cianita, lapislázuli, zafiro, topacio y turquesa.

Púrpura

SANACIÓN: dolores de cabeza y migrañas, cuero cabelludo, cabello, sinusitis, todos los problemas de mucosas, adicciones (especialmente abuso de alcohol y juego), neurosis y fobias, hiperactividad y TDAH*, ciática, parto, terminaciones nerviosas y conexiones, trastornos psicológicos, los hemisferios separados del cerebro y todo el sistema nervioso.

GEMAS Y CRISTALES: amatista, ametrina, charoita, fluorita, lepidolita, sodalita, sugilita, piedra súper siete y cuarzo de aura de titanio.

Rosa

SANACIÓN: glándulas, migrañas por estrés, problemas de oído, enfermedades psicosomáticas y provocadas por el estrés, enfermedades de bebés y niños, traumas y abusos psicológicos (especialmente los que quedan de la infancia), problemas hormonales y reproductivos femeninos desde la pubertad hasta la menopausia, así como trastornos del sueño y pesadillas.

---

* Trastorno por Déficit de Atención e Hiperactividad (*N. del T.*).

GEMAS Y CRISTALES: coral, kunzita, calcita manganeso o rosa, morganita, calcedonia rosa, cuarzo rosa y turmalina.

Marrón

SANACIÓN: pies y piernas, intestinos, intestino grueso, enfermedades propias de personas mayores (especialmente degenerativas, tales como la demencia, tumores y dolencias crónicas), dolor y para afecciones que sufran muchas especies de animales.

GEMAS Y CRISTALES: ágata listada, rosa del desierto, madera fosilizada o petrificada, fósiles, jaspe piel de leopardo, cuarzo rutilado, todos los jaspes moteados de color arena y marrón, cuarzo ahumado, ojo de tigre y circón.

Gris

SANACIÓN: lesiones, heridas, quemaduras, escaldaduras, conexiones de tejidos y nervios, obsesiones y ansiedad aguda, dolores persistentes y enfermedades para las que no se encuentra una causa o para las que no existe un tratamiento eficaz.

GEMAS Y CRISTALES: Lágrima apache (obsidiana transparente), ágata listada, labradorita, magnetita, meteorito, hematites plateada y cuarzo ahumado.

Negro

SANACIÓN: alivio del dolor, estreñimiento, síndrome del colon irritable, protege de los efectos secundarios de tratamientos agresivos (tales como rayos X o quimioterapia), duelo y depresión.

GEMAS Y CRISTALES: coral negro, ópalo negro, perla negra, azabache, obsidiana, ónice, obsidiana copo de nieve, tectita y turmalina negra.

UN MÉTODO CRISTALINO DE AUTOCURACIÓN POLIVALENTE

Esta es una forma excelente de vincular los cristales con tu propio sistema de autocuración y también con los de los seres queridos a los que sanas, si es que no has trabajado antes con la sanación o curación con cristales.

Elige el color de cristal que te parezca más adecuado para la curación que necesitas.

Otra posibilidad es dejarse guiar por la mano, pasándola sobre la colección de cristales para elegir el adecuado. Este último podría ser distinto del que elegirías de forma lógica, ya que puede haber factores ocultos involucrados. Por ejemplo, si tienes migraña, que normalmente te beneficiarías de un cristal púrpura, pero uno amarillo seleccionado sin mirar podría indicar que el origen de los dolores de cabeza podría ser una alergia alimentaria.

La sanación

Sostén el cristal que has elegido en tus manos, abiertas en forma de copa, y pronuncia el nombre de la piedra como representación de lo que quieras perder, como, por ejemplo, el dolor, el miedo y los síntomas de una enfermedad crónica o una migraña.

Mientras sostienes la piedra, imagina que se hace más pesada a medida que se llena de dolor, miedo o enfermedad. Es posible que sientas físicamente que la piedra se hace más pesada y que tus sentimientos negativos o tu dolor van desapareciendo poco a poco.

Cuando la piedra te parezca demasiado pesada o sientas que está llena, lávala con agua corriente o, si es delicada, pásale una varita de incienso floral en el sentido contrario a las agujas del reloj y colócala donde le dé la luz.

Es posible que tengas que repetir esto varias veces, si la enfermedad persiste. Utiliza siempre el mismo cristal.

SANACIÓN USANDO UN ÚNICO CRISTAL

En el tema de la sanación mediante cristales, todo lo que tienes que hacer es confiar en que el cristal elegido guiará tu mano por los caminos correctos, a través del cuerpo. La curación funciona a través de ropa ligera; y, si estás curando a otra persona, puede que a esa persona le guste una manta suave con la que cubrirse.

La sanación con cristales es lenta y puedes encender velas, quemar aceites aromáticos y poner música para que resulte una experiencia placentera. Trabaja hablando lo mínimo indispensable, para que el paciente se relaje; puedes hablar después, ya que para entonces habrás liberado muchas preocupaciones. Relájate, siéntate o ponte de pie, y deja que el cristal encuentre sus propios movimientos, mientras lo sostienes a dos o tres centímetros de tu cuerpo, o del de un amigo o familiar. Por lo general, la mano con la que escribes se percibe como más natural para este cometido, pero confía en ti mismo para elegir.

Comienza a unos centímetros por encima del pie derecho y ve ascendiendo con el cristal por la parte delantera del cuerpo, a través de la pierna y el muslo derechos. Pasa el cristal lentamente, serpenteando por el cuerpo a través de la punta de los dedos y el brazo izquierdos, dejando que el cristal guíe tu mano en su recorrido en espiral. Sube hasta la cara, el pelo y la parte superior de la cabeza, y luego baja por la mano y el brazo derechos hasta salir por el pie izquierdo. Tu mano moverá espontáneamente el cristal en el sentido contrario a las agujas del reloj para eliminar el dolor, la tensión y la infelicidad, y en el sentido de las agujas del reloj para añadir luz, calor, energía y esperanza. Esto resulta válido tanto si el problema es físico, emocional, espiritual o, como suele ocurrir, una mezcla de los tres.

Si el cristal gira en espiral sobre un punto concreto, es que ha detectado un nudo de energía. Permite que el cristal desenrede tal nudo de energía atrapada, como lo harías con una maraña física de lana. Tu cristal también puede detenerse sobre un lugar del cuerpo, y entonces sentirás en tus dedos como si el cristal se hubiera quedado momentáneamente sin energía. Esto delata la existencia de un área sin vida, donde la energía se ha drenado o está bloqueada a causa de la tensión. Las zonas sin vida se sanearán automáticamente a través de suaves movimientos circulares en el sentido de las agujas del reloj, hasta que puedas sentir la energía zumbando armoniosamente de nuevo. Tú sintoniza y deja que el cristal haga su trabajo. Cuando el cristal abandone tu pie izquierdo, sabrás que la curación se ha completado.

Si estás sanando a otras personas, pueden tumbarse. Cuando hayas curado la parte delantera, pídeles que se den la vuelta para que puedas sanarles la espalda. Pasa el cristal para sanar la parte posterior del cuerpo, esta vez desde la parte superior de la nuca, bajando por la columna vertebral, cruzando de nuevo por ambos brazos, derecho e izquierdo, descendiendo luego por las piernas, izquierda y derecha, y finalmente por los pies, izquierda y derecha. Arrodíllate o siéntate, para estar totalmente relajado mientras trabajas.

La sanación con cristales es como un suave movimiento de danza oscilante. Si te estás sanando a ti mismo, cura la parte posterior de tu cuerpo moviendo el cristal hacia abajo hasta la nuca, después de la cabeza, de modo que toques ambos hombros por la espalda, por turnos, a izquierda y derecha, con el cristal; deja que se detenga y la energía fluirá por tu espalda. Cuando sientas que la parte posterior de tu cuerpo está en armonía, vuelve con el cristal al hombro derecho delantero y continúa bajando en espiral hasta el brazo derecho, con el cristal otra vez a unos centímetros del cuerpo y continúa como antes. Si te estás curando a ti mismo, el cristal también puede detenerse varias veces en la parte delantera del cuerpo y sentirás que la energía pasa a la parte posterior del cuerpo.

CRISTALES ENPAREJADOS

Una vez que te sientas seguro con el método de un solo cristal, puedes curar con una pareja de cristales, para reequilibrar las energías del cuerpo. Este es un método que debes utilizar para sanar a otra persona. Alternativamente, puedes hacerlo exactamente igual a como lo hiciste con un solo cristal, trabajando a lo largo de la parte delantera del cuerpo, a través de los hombros (sosteniendo un cristal, con la mano opuesta, sobre cada hombro).

Elige para empezar un cuarzo claro o un citrino para la mano con la que escribes, y un cuarzo rosa o una amatista para la otra.

Para una curación más liviana, utiliza un par de amatistas.

Si existen problemas de salud urgentes o en los que los tratamientos convencionales no funcionan, utiliza cristales opacos, fuertes y vibrantes, como el jaspe rojo o el ojo de tigre.

Para el dolor, usa dos cuarzos ahumados.

Con los animales, puedes utilizar parejas de cristales de colores apagados o cualquiera de las ágatas terrosas marrones.

Sanación con tus parejas de cristales

Practica moviendo ambas piedras al mismo tiempo, sosteniendo la primera, la piedra de poder, en la mano con la que escribes, haciendo círculos en el sentido de las agujas del reloj y la segunda piedra, la receptiva, moviéndose en sentido contrario a las agujas del reloj.

Pide a la persona que se tumbe de espaldas en la cama, con los ojos cerrados. Empezando a unos centímetros por encima del pie derecho de la persona a la que estás sanando y subiendo hasta la cabeza, mueve la pareja de cristales en paralelo, de forma que formen una espiral con todo el cuerpo y se crucen, de nuevo a unos centímetros del cuerpo. Los cristales encontrarán sus propios caminos, así que mantén las manos libres y relajadas mientras los sujetas. Las piedras incrementarán de forma automática su movimiento en las zonas donde se hallen los puntos de poder internos del cuerpo y los órganos internos. La acción dual es en sí misma curativa y fortalecedora, puesto que van equilibrando las energías a medida que se mueven. A veces, una de las piedras parecerá más activa, a medida que las energías vayan equilibrándose.

Si encuentras resistencia, que puedes percibir como algo semejante a mordiscos o, alternativamente, como un bloqueo del paciente que puedes sentir en tu propio cuerpo, eso te indicara estancamiento del flujo energético o nudos psíquicos. Permite que los cristales se muevan según su voluntad, para resolver el problema y luego continúen su camino. Repite la operación en la parte posterior del cuerpo (pide al paciente que dé la vuelta), empezando por la parte superior de la cabeza y bajando por la columna vertebral. Dondequiera que comience la curación, terminará espontáneamente en el dorso del pie opuesto al que comenzó, para completar su circuito. La curación y el equilibrio se han completado.

Después de ejercer la sanación, ponte de pie, con los pies separados y las manos y los dedos apuntando hacia abajo para permitir que cualquier exceso de energía fluya hacia el exterior de tu cuerpo. Esto se debe a que la persona a la que estás sanando estará perfectamente equilibrada, pero, a tu vez, tú habrás absorbido el exceso de energía del paciente y del cosmos. Sin embargo, algunos practicantes, al final de una sanación y antes de limpiarse a sí mismos, pasan sus manos por ambos costados del cuerpo del paciente, desde la coronilla a los pies y luego por debajo de los pies, de modo que las manos se ubican aproximadamente a la altura de las axilas del cuerpo del paciente para limpiar el espacio aural o energético. Esto es opcional y resulta más fácil cuando el paciente está acostado. Lava los cristales o límpialos mediante una varilla de incienso floral.

SANACIÓN PARA PERSONAS AUSENTES

Para ejercer la sanación sobre personas que no se hallan presentes, utiliza una pequeña esfera de cristal transparente o cualquier huevo de cristal, especialmente de color azul, rosa, morado o verde. La esfera puede tener marcas o inclusiones en su interior que brillen con el sol, la luna o la luz de las velas. Si no puedes conseguir ninguno de esos dos, utiliza cualquier calcita o fluorita redonda, que sea lisa, como foco, o un trozo sin pulir de amatista o cuarzo rosa.

Enciende una vela rosa o lila, perfumada con rosa o lavanda si es posible, para que su luz ilumine el cristal. También puedes trabajar a la luz del sol o de la luna, pero debes encender de todas formas una vela. Vuélvete en la dirección en la que vive o estará la persona o el animal en el momento de ejercer la sanación, visualizándolo en un punto concreto de una habitación o un jardín. Si se trata de una persona o animal que no conoces, utiliza una fotografía colocada delante de la vela. Sujeta el cristal con las dos manos e imagina rayos oscuros que surgen del paciente, entran en el cristal, se transforman en círculos de luz cristalina y flotan como burbujas en torno a la vela, donde se recogen en forma de luz. Ahora, coloca el cristal sobre la mesa y mantén las manos sobre el mismo, con los dedos apuntando hacia abajo, sin llegar a tocar el cristal, hasta que sientas un cosquilleo en los dedos. Imagina corrientes de luz cristalina, blanca o coloreada, entrando en tus dedos, subiendo por tu corazón, circulando por tu cuerpo y bajando de nuevo por tus dedos. Cuando la energía vibre en tus dedos, con las palmas de las manos puestas en vertical, empuja suavemente la luz que has visualizado en dirección a la persona, hasta que tus brazos estén completamente extendidos, con las palmas de las manos aún en vertical.

Regresa después al cristal, absorbiendo más luz y empujándola suavemente hacia el cosmos, hasta que sientas que el poder del cristal se ralentiza y tus propias energías disminuyen. Entonces, la sanación se habrá completado.

SANACIÓN DE ANIMALES

Si estás ejerciendo sanación sobre mascotas, utiliza cristales terrosos más oscuros o suaves, con tonos verdes y marrones, tales como jade, ágata musgosa o arbórea, ágata listada, jaspe marrón, cuarzo ahumado o rutilado, o madera fosilizada. Los animales jóvenes se benefician del cuarzo rosa o de una calcita rosa. Debes conseguir que el animal te deje que le acaricies el pelaje, suavemente en el sentido contrario a las agujas del reloj y luego en el sentido de las agujas del reloj, con un solo cristal. Independientemente de dónde esté el problema, trabaja primero en las patas, el lomo y la parte superior de la cabeza, evitando los lugares sensibles. La sanación fluirá a través del animal hacia donde más se necesite. Como táctica alternativa, cuando el animal o el pájaro esté dormido, colócate frente a él, a unos treinta centímetros de distancia y perfila el contorno del animal en el aire, con el cristal, como si la mascota estuviera de pie o tumbada directamente frente a ti. Pasa el cristal sobre la forma invisible, sintiendo con la imaginación el suave pelaje o las plumas hasta que sientas un tenue resplandor cálido en tus dedos.

CINCO CRISTALES PARA AÑADIR A TU COLECCIÓN

Estos son cinco de mis cristales curativos favoritos, para que los utilices también y, si así lo deseas, los añadas a tu creciente colección de cristales.

1. Aragonito

El aragonito marrón dorado, que también puede ser claro o anaranjado, despeja la cólera recalcitrante que persiste por culpa de antiguos agravios; frena la tendencia a entrar y salir de casa de manera precipitada; aporta opiniones razonadas a las discusiones, en un lugar de trabajo en el que dominan las personalidades y las posturas dogmáticas; protege a las personas que viven solas y a cualquiera que se encuentre en un lugar donde se produzcan comportamientos antisociales; y ahuyenta los malos sueños, así como los ataques psicológicos o psíquicos, mientras se duerme.

Como cristal del día, el aragonito promete maneras más armoniosas de vivir y trabajar, pero también avisa de que hay que evitar prometer demasiado.

2. Crisocola

Esta piedra de color verde azulado intenso, a menudo llamada la *piedra de la sabiduría femenina*, protege contra la violencia doméstica contra y por parte de ambos sexos, los vecinos que nos entorpecen y la maledicencia a través de las redes sociales. Es una piedra útil para que las mujeres mayores superen los prejuicios contra la edad y valoren la belleza natural. La crisocola evita que una pareja sentimental se equivoque o que un socio comercial actúe de forma irresponsable; también es buena para los negocios femeninos.

Como cristal del día, la crisocola nos indica que la experiencia ganará al entusiasmo juvenil; no te dejes avasallar, porque tú sabes más que nadie.

3. Howlita

La howlita blanca con venas palmeadas grises o negras, es el cristal de la salud y la fuerza físicas, así como del deseo de alcanzar los más altos niveles de perfección. La howlita ayuda a los adultos o niños discapacitados a alcanzar todo su potencial, es buena para completar las tareas a tiempo, sin caer en el pánico y es una piedra de bendición para el hogar, cuando se coloca sobre las puertas delantera y trasera.

Como cristal del día, la howlita blanca te indica que no esperes lo imposible de ti mismo, ya que tienes estándares mucho más altos de los que esperas de los demás.

4. Madera petrificada o fosilizada

Esta piedra de bandas marrones o leonadas procede de árboles fosilizados en los que la madera ha sido sustituida, a lo largo de muchos millones de años, por un mineral. Puede indicar el retorno de un antiguo amor, incentiva una nueva carrera o estudio tras la jubilación o el despido, y es buena para las relaciones positivas con familiares y colegas de edad madura.

Como cristal del día, la madera fosilizada dice que es hora de dejar ir una amistad o una actividad que ya no produce placer.

5. Selenita/Selenita *Satin Spar*

La selenita vítrea naranja, azul y blanca, con brillo perlado, es muy parecida a su hermana la *satin spar*, que tiene bandas de luz blanca movediza. La selenita aminora los temores al rechazo y es beneficiosa para los adultos y los niños que temen la oscuridad. La joyería de selenita es un amuleto natural para la suerte, los viajes, el amor y la fertilidad, y es excelente para madres mayores o mujeres que necesitan intervención médica para poder concebir un hijo.

Como cristal del día, la selenita indica que necesitas dar el primer paso hacia la reconciliación con amantes o familiares, especialmente madres e hijos que se han comportado de forma poco razonable.

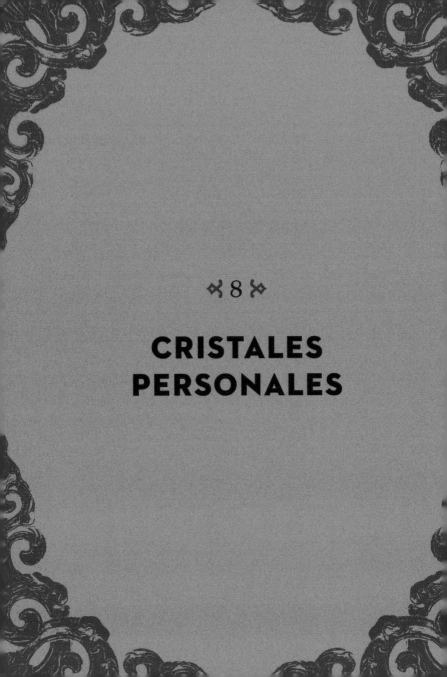

❮ 8 ❯

CRISTALES
PERSONALES

N O IMPORTA CUÁNTOS CRISTALES NUEVOS TENGAS para uso diario y curación, en los próximos meses, o incluso antes, te encontrarás con un cristal más grande que parece que te elija a ti. Puede que lo descubras en un puesto del mercado o gratis en la orilla del mar, o pedirla como regalo de cumpleaños o de vacaciones, si te has enamorado de una piedra especialmente exquisita. En cuanto la tocas, se establece la conexión. A pesar de eso, tómate tu tiempo y permítete encontrarla cuando toque.

Cuando estés cansado, tomar tu cristal especial restaurará tus energías; y, si estás inquieto, te aportará calma. Guárdalo en el centro de tu casa para que la abundancia, la salud y la alegría fluyan hacia ti, y la negatividad o la desgracia se alejen. Cuanto más tiempo lo tengas contigo, más crecerán sus energías.

Para limpiarlo y potenciarlo, colócalo en un lugar protegido, al aire libre, las noches de luna llena; si necesitas energía extra para una fecha o empresa concreta, coloca el cristal desde el amanecer o cuando te despiertes, el día anterior, hasta el mediodía, para que la luz lo ilumine.

Para preparar una infusión de suerte, deja tu cristal especial al aire libre en una noche estrellada. La fecha ideal para llenarlo de energías naturales es el Solsticio de Verano, alrededor del 21 de junio en el hemisferio norte y del 21 de diciembre en el hemisferio sur.

CRISTALES ZODIACALES Y ANGÉLICOS

Existe toda una serie de gemas y cristales diferentes, asociados por varias tradiciones, para los meses de nacimiento, con los signos del zodiaco bajo los que nacemos. Daré aquí una lista más exhaustiva de lo habitual, ya que te he sugerido que también compres tu ángel zodiacal de cristal. Si ninguno de los cristales de nacimiento te parece adecuado, sustitúyelo por un cristal del color asociado a tu signo de nacimiento.

Describiré tu ángel zodiacal de cristal y las fuerzas especiales que pueden adquirirse del ángel o del cristal asociado. Los ángeles de cristal pequeños son relativamente baratos y constituyen una fuente muy potente de energía y protección. Algunos cristales están regidos por más de un signo zodiacal.

Compra un pequeño ángel para cada miembro de la familia —los seres queridos presentes, los ausentes y los difuntos— y añade uno por cada nuevo nacimiento o por cada nuevo miembro mayor de la familia en el futuro. Puedes guardarlos en círculo en tu lugar de los cristales. Añade también los ángeles cuyas fuerzas zodiacales cristalinas necesites, aunque no sean de tu signo; por ejemplo, un ángel de piedra lunar para Muriel, ángel zodiacal de Cáncer, para que te aporte un sueño tranquilo. Usa o lleva tu piedra zodiacal en una bolsa de su color del zodiaco, en cualquier momento que necesites fuerza, protección, suerte extra, o curarte o querer hacerte de notar de forma positiva.

Los cristales zodiacales y angélicos son ideales como regalo para un nuevo bebé, un familiar o un buen amigo, en un cumpleaños señalado, o para tu pareja en vuestra boda o cuando os vayáis a vivir juntos. Regala un solo cristal una vez al año a un niño; por ejemplo, tal como sugerí anteriormente en el libro, una perla o cualquier cristal que pueda convertirse en un collar para regalar a los dieciocho años, para que lo lleve el joven adulto o se lo regale a su futura pareja, para así establecer el vínculo con sus años de infancia.

Cuando se trate de un cumpleaños o una ocasión especial o necesites enviar fuerza o curación a amigos o familiares, enciende tu vela zodiacal, de tu color especial, y acerca tu cristal zodiacal o ángel a la luz, enviando bendiciones. Deja que la vela se consuma. Por supuesto, también puedes hacer eso para ti mismo.

Aries, el Carnero: 21 de marzo-20 de abril

GEMAS Y CRISTALES: ágata de sangre, cornalina naranja, calcopirita de oro pulido, diamante, pirita de hierro plateada, jaspe rojo, arcoíris, obsidiana de brillo dorado o plateado, rodonita rosa, ojo de tigre rojo.

PLANETA: Marte.

ELEMENTO: fuego.

ÁNGEL GOBERNANTE: Maquidiel (o Malahidael), ángel guerrero con aureola y alas brillantes de color rojo dorado.

PUNTOS FUERTES DEL CRISTAL ANGÉLICO: confianza en uno mismo, fuerte identidad, innovación, asertividad, acción y valentía.

COLOR: rojo.

Tauro, el Toro: 21 de abril-21 de mayo

GEMAS Y CRISTALES: ópalo andino rosa, crisoprasa verde, calcita manganeso rosa, esmeralda, jade, piedra luna arcoíris, rodocrosita, cuarzo rosa, turmalina rosa.

PLANETA: Venus.

ELEMENTO: tierra.

RULING ANGEL: Asmodel o Ashmodel, ángel de la belleza rodeado de rayos rosas, que crea aquello que tiene valor.

PUNTOS FUERTES DEL CRISTAL ANGÉLICO: persistencia, paciencia, fiabilidad, lealtad, habilidades prácticas y mucha destreza, estabilidad y son bueno amantes de la belleza.

COLOR: rosa.

Géminis, los gemelos celestiales: 22 de mayo-21 de junio

GEMAS Y CRISTALES: ágata, alejandrita, calcita amarilla, crisoprasa limón, citrino, jaspe amarillo, labradorita, ópalo, cuarzo limón.

PLANETA: Mercurio.

ELEMENTO: aire.

ÁNGEL REGENTE: Ambriel o Ambiel, el ángel mensajero y viajero que viste los colores de la luz del sol matutino.

PUNTOS FUERTES DEL CRISTAL ANGÉLICO: excelente capacidad de comunicación, adaptabilidad, aptitud proactiva hacia el área científica/tecnológica, curiosidad e inquietud intelectual, inteligencia, versatilidad.

COLOR: amarillo pálido/gris.

Cáncer, el Cangrejo: 22 junio-22 julio

GEMAS Y CRISTALES: coral blanco, piedra luna, opalita, perla, selenita *satin spark*, selenita, cuarzo blanco nublado o lechoso, topacio claro.

PLANETA: Luna.

ELEMENTO: agua.

ÁNGEL REGENTE: Muriel, el ángel sanador de túnica plateada y perlada con su alfombra mágica de los sueños.

PUNTOS FUERTES DEL CRISTAL ANGÉLICO: sensibilidad, bondad, imaginación, hogareño, cuidador (especialmente de niños), seguridad emocional, capacidad para guardar secretos, sueño tranquilo.

COLOR: plateado.

Leo, el León: 23 de julio-23 de agosto

GEMAS Y CRISTALES: ámbar, ópalo de fuego, cuarzo de fuego, cuarzo arcoíris, espinela roja, rubí, zafiro blanco, sardónice, piedra del sol.

PLANETA: Sol.

ELEMENTO: fuego.

ÁNGEL REGENTE: Verchiel, el portador de la alegría dorada, que está aureolado por rayos de sol.

FORTALEZAS: poder, valentía, generosidad, nobleza, idealismo, liderazgo, protección de los débiles, capacidad para actuar creativamente en público.

COLOR: dorado.

Virgo, la Doncella: 24 de agosto-22 de septiembre

GEMAS Y CRISTALES: amazonita, calcita verde, granate verde, jade, howlita blanca, ágata musgosa o arbórea, olivino, peridoto, serpentina, cuarzo nieve.

PLANETA: Mercurio.

ELEMENTO: tierra.

ÁNGEL REGENTE: Hamaliel o Hamaiel, ángel de la perfección, rodeado de bruma verde bosque.

FORTALEZAS: búsqueda de la perfección, capacidad de organización, metódico, atención al detalle, eficiencia, poderes curativos, capacidad de perseverar en una tarea rutinaria pero necesaria hasta el final, fiabilidad.

COLOR: verde.

Libra, la balanza: 23 de septiembre-23 de octubre

GEMAS Y CRISTALES: ágata *blue lace*, calcedonia azul, crisocola, lapislázuli, ópalo blanco o arcoíris, cuarzo azul, rubelita/turmalina roja, zafiro azul.

PLANETA: Venus.

ELEMENTO: aire.

ÁNGEL REGIDOR: Zuriel, el maestro, el ángel azul tenue que aporta calma y razón a cualquier situación.

PUNTOS FUERTES: armonía, capacidad para ver las dos caras de una situación, diplomacia, aptitudes pacificadoras, un fuerte sentido de la justicia y carisma.

COLOR: azul claro.

Escorpio, el Escorpión: 24 de octubre-22 de noviembre

GEMAS Y CRISTALES: coral negro y rojo, hematites, obsidiana caoba, malaquita, obsidiana negra, ópalo negro, perla negra, espinela roja, aura de titanio, unakita.

PLANETA: Plutón.

ELEMENTO: agua.

ÁNGEL REGENTE: Bariel, el ángel de los pequeños milagros, que viste los colores del ocaso.

FORTALEZAS: intensidad; conciencia religiosa, espiritual y psíquica; capacidad de transformarse a sí mismo y las situaciones; el poder de empezar de nuevo o revivir una situación estancada.

COLOR: índigo, burdeos.

Sagitario, el Arquero: 23 de noviembre-21 de diciembre

GEMAS Y CRISTALES: aragonito naranja, aqua aura, azurita, bornita iridiscente o mineral pavo real, crisocola, piedra de oro azul, piedra de oro, howlita azul, cuarzo claro, topacio dorado, turquesa.

PLANETA: Júpiter.

ELEMENTO: fuego.

ÁNGEL REGENTE: Adnachiel o Advachiel, el ángel del aprendizaje y la exploración, de túnicas de color amarillo brillante.

FORTALEZAS: expansividad, amor por los viajes y la exploración, visión clara, buscador de la verdad, amplias perspectivas, flexibilidad, apertura mental, optimismo, entusiasmo, creatividad, especialmente en la escritura.

COLOR: amarillo brillante.

Capricornio, la Cabra: 22 de diciembre-20 de enero

GEMAS Y CRISTALES: aventurina verde, broncita, madera fosilizada o petrificada, granate rojo, ónice, rubelita/turmalina roja, cuarzo ahumado, ojo de tigre, cuarzo turmalatado, turmalina negra.

PLANETA: Saturno.

ELEMENTO: tierra.

ÁNGEL REGENTE: Anael o Hanael, el protector y arcángel del amor y la fidelidad, rodeado de verde, plata y rosas.

FORTALEZAS: prudencia, persistencia a pesar de la oposición, respeto por la tradición, ambición, autodisciplina, lealtad, fidelidad y prudencia en los asuntos financieros.

COLOR: índigo, marrón.

Acuario, el Aguador: 21 de enero-18 de febrero

GEMAS Y CRISTALES: amatista, ópalo azul andino, angelita, celestito azul, cuarzo azul, sodalita, sugilita, aura de titanio.

PLANETA: Urano.

ELEMENTO: aire.

ÁNGEL REGENTE: Cambiel, vigilante alto y sombrío o arcángel guardián, te protege día y noche de tus propios errores y de los peligros externos.

FORTALEZAS: idealismo, independencia, humanitarismo, inventiva, desapego de los vaivenes de la emoción o los prejuicios, visión propia del mundo.

COLOR: azul oscuro, morado.

Piscis, el Pez: 19 de febrero-20 de marzo

GEMAS Y CRISTALES: aguamarina, aragonito claro, berilo dorado, sangrita, cuarzo girasol, kunzita rosa y lila, nácar, jaspe oceánico u orbicular, turmalina sandía.

PLANETA: Neptuno.

ELEMENTO: agua.

ÁNGEL REGIDOR: Barachiel, el arcángel azul y dorado del rayo y la buena suerte, que tiene un relámpago brotando de su aureola.

FORTALEZAS: poderes intuitivos evolucionados, simpatía y empatía para con los demás, tejedora de mitos, conciencia de los factores ocultos, capacidad para fundirse con el entorno, espiritualidad alternativa.

COLOR: blanco suave, malva.

GEMAS DE ANIVERSARIO

Aunque existen asociaciones tradicionales de determinadas gemas y cristales con los aniversarios de boda, puedes regalar la piedra zodiacal del periodo en el que se celebró la boda o un cristal que tenga un significado especial para ambos.

LISTA OFICIAL DE LA *AMERICAN GEM TRADE ASSOCIATION*··

1ER ANIVERSARIO	JOYAS DE ORO
2º ANIVERSARIO	GRANATE
3ER ANIVERSARIO	PERLAS CULTIVADAS O NATURALES
4º ANIVERSARIO	TOPACIO AZUL
5º ANIVERSARIO	ZAFIRO
6º ANIVERSARIO	AMATISTA
7º ANIVERSARIO	ÓNICE
8º ANIVERSARIO	TURMALINA
9º ANIVERSARIO	LAPISLÁZULI
1º ANIVERSARIO	JOYAS CON DIAMANTES
11º ANIVERSARIO	TURQUESA
12º ANIVERSARIO	JADE
13º ANIVERSARIO	CITRINO
14º ANIVERSARIO	ÓPALO
15º ANIVERSARIO	RUBÍ
16º ANIVERSARIO	PERIDOTO
17º ANIVERSARIO	RELOJES
18º ANIVERSARIO	OJO DE GATO
19º ANIVERSARIO	AGUAMARINA
20º ANIVERSARIO	ESMERALDA
21º ANIVERSARIO	IOLITA

··Reproducido a partir de *The New Crystal Bible* de Cassandra Eason, publicado por Carlton Books (Reino Unido) en 2010, y *The Complete Crystal Handbook,* publicado por Sterling US en 2010. (*N. de la A.*).

22º ANIVERSARIO	ESPINELA
23º ANIVERSARIO	TOPACIO IMPERIAL
24º ANIVERSARIO	TANZANITA
25º ANIVERSARIO	PLATA
30º ANIVERSARIO	PERLA CULTIVADA O NATURAL
35º ANIVERSARIO	ESMERALDA
40º ANIVERSARIO	RUBÍ
45º ANIVERSARIO	ZAFIRO
50º ANIVERSARIO	ORO
55º ANIVERSARIO	ALEJANDRITA
60º ANIVERSARIO	DIAMANTE

Limpieza y potenciación de sus cristales personales

Ya te he indicado formas de limpiar y potenciar tus cristales después de usarlos (ver páginas 29 y 31). Sin embargo, para tus cristales especiales, estos son métodos muy suaves. Utilízalos también para limpiar y potenciar cualquier cristal delicado.

Si un cristal es puntiagudo o anguloso, acarícialo suavemente, de la base a la punta, y de nuevo hacia abajo hasta la base y otra hacia arriba, para crear un movimiento rítmico.

Para un cristal redondo u ovalado, sostenlo en la mano con la que no escribes y, con el dedo índice de la otra mano, traza espirales en la superficie del cristal, hasta que conectes con su ritmo innato o pulso interior, que es como un suave latido.

Insufla poder a cada cristal soplando suavemente tres veces sobre él y, entre cada respiración, di: «*Sé* (respira) *para* (respira) *mí* (o nombra a la persona, animal o familia para quien estás dando poder al cristal)». A continuación, respira de nuevo y enuncia el porqué realizas el ritual de potenciación.

ÍNDICE TEMÁTICO